# Oldenbourg-Interpretationen

Herausgegeben von
Bernhard Sowinski und Reinhard Meurer

begründet von
Rupert Hirschenauer und Albrecht Weber

Band 7

Friedrich Dürrenmatt

## *Der Besuch der alten Dame*

Interpretation von
Werner Frizen

Oldenbourg

Seitenangaben in Klammern beziehen sich auf die *Werkausgabe in dreißig Bänden,* die 1980 im Diogenes Verlag erschienen ist. Die römische Ziffer bezeichnet die Band-, die arabische die Seitenzahl. Seitenzahlen ohne Bandangabe verweisen auf den 5. Band dieser Ausgabe (detebe 250/5): *Der Besuch der alten Dame.*

CIP-Titelaufnahme der Deutschen Bibliothek

**Frizen, Werner:**
Friedrich Dürrenmatt, Der Besuch der alten Dame:
Interpretation/von Werner Frizen. – 2., unveränd. Aufl. –
München: Oldenbourg, 1988
   (Oldenbourg-Interpretationen; Bd. 7)
   ISBN 3-486-88601-0
NE: GT

© 1988 R. Oldenbourg Verlag GmbH, München

Das Werk und seine Teile sind urheberrechtlich geschützt. Jede Verwertung in anderen als den gesetzlich zugelassenen Fällen bedarf deshalb der vorherigen schriftlichen Einwilligung des Verlages.

2., unveränderte Auflage 1988
Unveränderter Nachdruck     92   91
Die letzte Ziffer bezeichnet das Jahr des Drucks.

Lektorat: Ruth Bornefeld
Herstellung: Gabriele Jaroschka
Umschlaggestaltung: Klaus Hentschke
Gesamtherstellung: R. Oldenbourg, Graph. Betriebe GmbH, München

ISBN: 3-486-88601-0

# Inhalt

| | | |
|---|---|---|
| **1** | **Biographische und werkgeschichtliche Daten** | 7 |
| 1.1 | Aspekte der inneren Biographie | 7 |
| 1.2 | „Der Besuch der alten Dame" im Theaterwerk Dürrenmatts | 15 |
| **2** | **Die Entwicklung der Dramenhandlung** | 22 |
| 2.1 | Die Exposition – 1. Akt („Gott hat uns vergessen") | 23 |
| 2.2 | Die Epitasis – 2. Akt („Ich warte") | 28 |
| 2.3 | Die Katastrophe – 3. Akt („Ich bin verloren") | 34 |
| **3** | **Figuren und Konfigurationen** | 40 |
| 3.1.1 | Die Besuchten: das Kollektiv | 40 |
| 3.1.2 | Die Besuchten: Ill | 46 |
| 3.2.1 | Die Besucher: Claire Zachanassians Begleitung | 52 |
| 3.2.2 | Die Besucher: Claire Zachanassian | 53 |
| **4** | **Mythologische Muster und ihre Funktion** | 57 |
| **5** | **Raum und Zeit** | 63 |
| **6** | **Themen und Motive** | 67 |
| 6.1 | Der Geist des Kapitalismus und die humanistische Ethik | 67 |
| 6.2 | Das Requisit als Zeichen der Entfremdung | 68 |
| 6.3 | Recht und Gerechtigkeit | 72 |
| 6.4 | Satire auf den Kapitalismus? | 74 |
| **7** | **Dürrenmatts Dramaturgie** | 76 |
| 7.1 | Kunst und Wirklichkeit | 76 |
| 7.2 | Der Einfall | 77 |
| 7.3 | Der Zufall | 79 |
| 7.4 | Die Komödie | 80 |
| 7.5 | Der Zuschauer | 82 |
| 7.6 | Die „Dramaturgie des wissenschaftlichen Zeitalters" | 83 |
| **8** | **Stilformen des Grotesken** | 85 |
| 8.1 | Das Groteske | 85 |
| 8.2 | Sprache und Ideologie | 86 |
| 8.3 | Die Sprache des Kollektivs | 88 |
| 8.4 | Die Sprache der alten Dame | 94 |
| | **Unterrichtshilfen** | |
| | 1 Didaktische Aspekte | 99 |
| | 2 Zur Unterrichtsplanung in der Sekundarstufe I und II (Grundkurs) | 100 |

3 Zur Unterrichtsplanung in der Sekundarstufe II
   (Leistungskurs) .................................... 109

**Anhang**
Anmerkungen ........................................ 120
Literaturverzeichnis .................................. 126
Zeittafel zu Leben und Werk .......................... 133

*Als Dramatiker bin ich ein unvermeidliches Mißverständnis.*
*Friedrich Dürrenmatt*

# 1
# Biographische und werkgeschichtliche Daten

## 1.1
### Aspekte der inneren Biographie

„Er wurde geboren, arbeitete und starb" – mit diesem schon geflügelten Wort soll Heidegger eine Aristoteles-Vorlesung begonnen haben. Auch Dürrenmatt hat sich standhaft geweigert, sein Privates preiszugeben, vermarkten zu lassen oder gar „schriftstellerisch zu verklären"[1]. Er habe keine Biographie, hat er auf die biographische Neugier seiner Leser geantwortet.[2] Von Heinz Ludwig Arnold zu einem Interview über seine Stücke gebeten, weitet er seine Schweigsamkeit auf seine Werke aus: Nur ein Kritiker könne meinen, er, Friedrich Dürrenmatt, sei identisch mit dem Verfasser jener Komödien, von denen die Theaterkritiker seit über 30 Jahren geschrieben zu haben glauben.[3]

Diese Disziplin in der Selbstinterpretation gibt zu denken: Tatsächlich hat Dürrenmatt vieles zumindest über seine Stücke gesagt und geschrieben, sie kommentiert und glossiert, zudem weltanschauliche, geschichtsphilosophische und ästhetische Stellungnahmen veröffentlicht, die von den Interpreten immer wieder auf die Werke projiziert worden sind. Dürrenmatts Selbstdistanz ermuntert dazu, den Biographismus suspekt zu finden und Selbstinterpretationen eines Autors zwar nicht zu übersehen, aber doch mit Vorsicht aufzunehmen: Sie widersprechen sich nicht selten, entstammen verschiedensten Lebenssituationen, sind oft aperçuhaft zugespitzt, deshalb dem Mißverständnis besonders ausgesetzt, und an einen Kontext gebunden, von dem nicht abstrahiert werden kann.

Wenn es zutrifft, daß Dürrenmatts äußere Biographie „normal, durchschnittlich",[4] kontinuierlich und ohne Sensationen verlaufen ist, dann soll sie uns hier nicht weiter interessieren. Chronographien finden sich an verschiedenen Orten.[5] Wir beschreiben statt dessen einige Aspekte der inneren Biographie, die Dürrenmatt offensichtlich nicht für so durchschnittlich hielt, daß er ihretwegen seine biographische Schweigsamkeit nicht gebrochen hätte (in *Dokumente* von 1965, *Stoffe I–III* und *Stoffe IV–IX*). Diese Selbstbesinnung dient nicht der dokumentarisch beglaubigten geschichtlichen Wahrheit, sondern der Beschreibung der geistigen Physiognomie, des intellektuellen und ästhetischen Standortes und der Geschichte seiner Stoffe, unter dem Vorbehalt freilich, daß dies alles schon „gestaltet", also „verfälscht"[6] vor den Leser kommt.

Wenn man von einem Archetyp, einem „Urmotiv"[7] seines Denkens und Erlebens sprechen darf, dann ist es die Figur des *Labyrinths,* auf die die Biographie, zahlreiche Bilder und die Struktur vieler seiner Komödien und Prosawerke abgestimmt sind. Vom Minotaurus erfährt Dürrenmatt nicht erst durch den mythenkundigen Vater, sondern durch die unmittelbaren „vorliterarischen Eindrücke"[8] seiner Kindheitswelt. Das Dorf Konolfingen, in dem er am 5.1.1921 geboren wurde, betrachtet er als die eigentliche Quelle seiner Stoffe und als „Modell" zu seiner „geistigen Welt" (XXX, 20).

Ein „schrecklich-schönes Kinderland" (XXX, 18), vermittelt es sowohl die Erfahrung der Geborgenheit wie die des Ausgesetztseins. Vom Schönen ist weniger die Rede als vom Schrecklichen. Unauslöschliche Eindrücke hinterlassen der „Gemüsemann in seinem kleinen Laden unter dem Theatersaal mit seinem handlosen Arm" (XXX, 21), „geheimnisvoll" dräuen die dunklen Tannenwälder um das Dorf, „voller Abenteuer" sind die Entdeckungsreisen des Kindes in Wiesen und Kornfeldern, „geheimnisvoller" noch die dunklen Gänge im Heu, und der „geheimnisvollste Ort" ist „der fensterlose Estrich im Elternhaus" (XXX, 25). Angst, die aus dem Erlebnis der Enge entsteht, scheint zu den primären Erfahrungen des Autors zu gehören und noch seine späteren Pläne, über Kierkegaard zu promovieren, motiviert zu haben. Der Junge erfährt die Angst im Kontrast von kleinbürgerlich geordneter Dorfwelt und unnennbarer Natur, aber auch im Kontrast, der sich in der gesitteten Welt selbst auftut, unter deren Oberfläche die archaischen Rituale noch lebendig sind:

> „Das Dorf kennt keine Geheimnisse, und der Mensch ist ein Raubtier mit manchmal humanen Ansätzen, beim Metzger müssen die fallengelassen werden. Wir schauten oft zu, wie die Schlächtergesellen töte-

ten, wir sahen, wie das Blut aus den großen Tieren schoß, wir sahen, wie sie starben und wie sie zerlegt wurden. Wir Kinder schauten zu, eine Viertelstunde, eine halbe Stunde, und dann spielten wir wieder auf dem Gehsteig mit Marmeln." (XXX, 26)

Gebannt in den Kreis des Dorfes, verbringt der Junge wie später seine Güllener die Zeit am Bahnhof, einem „Eisenbahnknotenpunkt", und verfolgt „mit einer Mischung von Sehnsucht und Abscheu" (XXX, 23) die Züge, die allein die kleine Welt mit der großen in Beziehung setzen. Noch frühere Eindrücke der Enge ruft die „Unterführung" hervor, die sich als „eine dunkle Höhle" (XXX, 23) erweist, an deren Ende das Sonnenlicht sichtbar ist, ohne den Weg zu weisen.

Die Labyrintherfahrung wird kompensiert über den Fluchtweg in den *Makrokosmos*. Die Astronomie rückt die Dimensionen zurecht und siedelt das Schweizerdorf im kosmischen Zusammenhang an: „Die Welt ist größer als das Dorf. (...) ich wußte, daß das Dorf zur Erde und die Erde zum Sonnensystem gehöre, daß die Sonne mit ihren Planeten sich um das Zentrum der Milchstraße bewege (...)" (XXX, 26).[9] Immer wieder wird Dürrenmatt den Archimedischen Punkt suchen, der den eigenen terrestrischen Standort mit dem Kosmos in Beziehung setzt. Mag sein, daß ihn dazu auch der Evangelist motiviert hat, der das Dorf heimsucht und eine Weltkarte mitbringt, „auf der in Europa nur ein Ort zu finden war, das Dorf", und so den Wahn erzeugt, „sich einen Augenblick lang im Mittelpunkt der Welt angesiedelt zu fühlen und nicht in einem Emmentaler Kaff" (XXX, 25). Die Spielräume der späteren Komödien reflektieren diese Erfahrung: Das Irrenhaus der *Physiker* repräsentiert den Weltraum insgesamt; Babylon, „Tor des Himmels", wird durch den Besuch des Engels zum Berührungspunkt zwischen Himmel und Erde; und Güllen wird ebenfalls als Nabel einer Welt zu verstehen sein.

Auch wenn Dürrenmatt den Weg aus der Enge in der Vertikalen sucht, gestattet er sich nicht den Sprung in eine *Transzendenz*. Dürrenmatt betont, daß das Dorf eine ungleichzeitige Welt vertreten habe, die als hierarchisches Gebilde barocke Züge trug: „Gut und Böse waren festgesetzt". Die Schule war bitter, denn „sie setzte das himmlische System auf Erden fort, und für die Kinder waren die Erwachsenen Halbgötter" (XXX, 28). Die Erziehung im protestantischen Pfarrhaus läßt den Eindruck „von einem rätselhaften Überonkel hinter den Wolken" zurück, den man anbeten und um Verzeihung bitten mußte: „Man war dem Glauben ausgeliefert, schutzlos und nackt." (XXX, 27 f.) Vor dieser Welt der Eltern zieht sich der Junge in den Innenraum zurück. 1935 siedelt die Familie nach Bern über, und auch in der Stadt wird ihm das Labyrinth zur Wirklichkeit. Isolation, unbewältigte Pubertät, „Onanie in jeder Beziehung" lassen ihn in eine „chaotische Phantasie" flüchten und verstärken das Höhlenbewußtsein, das von Plato noch nichts weiß.[10] Die Ablösung vom Christentum muß ein schmerzhafter Prozeß gewesen sein: „Ich wuchs in einer christlichen Welt auf, die mich auch später nicht losließ."[11]

Viel Verwirrung bei der Interpretation seiner Dramen hat die Bemerkung einer Bühnenfigur Dürrenmatts gestiftet, sein Autor sei ein „zähschreibende(r) Protestant" (III, 58). Ganz abgesehen davon, daß sie in einem ironischen Kontext steht, sind solche „Konfessionen" in erster Linie um des Wortspiels willen getan, das die Konfessionsbezeichnung auf den Protest als geistige und moralische Haltung reduziert (vgl. XIV, 327; XXVI, 32).[12] Umgekehrt sind die Zeugnisse Legion, die vom Agnostizismus Dürrenmatts sprechen. Wenn von Gott die Rede ist, dann nicht mehr von dem schemenhaften lieben Über-Ich: „Die Folterkammer ist die Welt. Die Welt ist Qual. Der Folterknecht ist Gott. Der foltert."[13] Der Abgrund zwischen Mensch und Gott ist nicht auszuloten und nicht zu überspringen. Das Bild vom bösen Demiurgen-Gott, Dürrenmatt vielleicht durch die Expressionisten vermittelt, die zu seinen frühen Leseerfahrungen zählen, ist nur noch im Sinne des Wortspiels protestantisch zu nennen, nämlich in der Weise der Verneinung. Dürrenmatt verbietet sich in letzter Konsequenz den „Sprung" Kierkegaards (vgl. XIV, 198, 265), das Absurde Gott zu nennen und zum Gegenstand des Glaubens zu machen.

Es ist aufschlußreich, daß Dürrenmatt unter den mythologischen Nacherzählungen des Vaters die Geschichten von der Vergeblichkeit des Handelns, *Sisyphos,* Tantalus usw., besonders bevorzugt. Eine seiner ersten Erzählungen heißt „Das Bild des Sisyphos": eine Spiegelgeschichte, in der der Fälscher eines kostbaren Gemäldes mit dem Thema der Arbeit des Sisyphos selbst das Leben eines Sisyphos daran verwendet, seine Fälschung zurückzuerwerben und zu vernichten. Auch Dürrenmatt hat Sisyphos gemalt (vgl. XXVI, 207).

Zu den frühesten Eindrücken Dürrenmatts zählt dann, daß Geschichte und Politik, selbst die Kirchturmspolitik von Konolfingen, für den einzelnen nicht durchschaubar sind: „(...) schon die Dorfpolitik war zu abstrakt, noch abstrakter als die Politik des Landes, (...) zu bildlos alles, aber die Sintflut, die war faßbar, ein plastisches Ereignis" (XXX, 27). Diese Erfahrung, daß die gesellschaftlichen Verhältnisse in einer Weise komplex, bürokratisiert, verfilzt und mechanisiert sind, daß man sie weder durchschauen noch beherrschen kann, wird Dürrenmatt später zu einem zentralen geschichtsphilosophischen und ästhetischen Theorem ausweiten. Schon die Kindheitserinnerungen kontrastieren der verwalteten Welt die Welt der Phantasie (der Sagen und Mythen), in der allein Freiheit erfahren wird. Auch das Kriegserlebnis prägt die Einsicht, daß in den Schlachten des Materials und der Masse der Wahn vom geschichtsmächtigen Einzelnen und damit jeder Heroismus lächerlich wirken. Die Beschäftigung mit den Naturwissenschaften lehrt überdies, daß nur noch Teile der Naturerkenntnis überschaubar sind. Die Lektüre der Expressionisten, Heyms und Kafkas insbesondere,[14] aber auch die Nietzsches[15], forciert das *Endzeitbewußtsein*. In dieser apokalyptischen Stimmung entstehen die ersten Arbeiten; Dürrenmatt legt sich die Berufsbezeichnung „nihilistischer Dichter"[16] zu. Aus dem, der sich mit Minotaurus identifiziert, ausgesetzt einer „rätselhaften mythischen Welt, die ich nicht verstand"[17], wird ein Dädalus, der selber Labyrinthe konstruiert und die Welt in den Griff bekommen will, indem er eine „Gegenwelt" erschafft, „in der sich die Welt, die man gestalten will, verfängt wie der Minotaurus im Labyrinth".[18] Damit ist die Dramaturgie der Mausefalle geboren.

In dieser Mausefalle will Dürrenmatt Ideologien aller Art fangen. Er versteht sich selbst als Nachfahr der Aufklärung. Nach dem Abitur studiert er in Bern und Zürich Literatur- und Naturwissenschaften sowie Philosophie und zeigt sich vor allem durch die erkenntniskritischen Philosophen beeindruckt (Kant, Vaihinger, Popper): „Was mich in meiner Studienzeit am meisten beschäftigte und seitdem nie losließ, war die *Kritik der reinen Vernunft*" (XXVII, 127). Die Vernunftkritik Kants im Verbund mit Lessings Aufklärung dienen ihm als Argumentationshilfe in einer umfassenden *Ideologiekritik*. Zum einen ist die Entmythisierung des Kosmos ein Faktum, hinter das zurückzugehen die Aufklärung leugnen hieße (vgl. XXIX, 39f.). Zum andern entlarvt Dürrenmatt mit gleicher Schärfe säkularisierte Heilslehren aller Arten als Versuche der Remythisierung. Sein universaler „Zweifel" (XXIX, 15) stellt Faschismus, Marxismus und Christentum gleichermaßen in Frage: „Unter Antisemiten bin ich Jude, unter Antichristen Christ, unter Antimarxisten Marxist, unter Marxisten Antimarxist" (XIV, 286). Diese antidogmatisch-ironische Position erinnert deutlich an Thomas Manns berühmten Satz: „Ich lehne mich instinktiv nach links, wenn der Kahn rechts zu kentern droht, – und umgekehrt."[19] Dürrenmatt weiß allerdings nicht nur, welche Folgen eine undialektisch verstandene Aufklärung zeitigt, sondern widmet gerade diesem Problem zahlreiche seiner Werke: Dem Ideologieverdacht wird die Aufklärung selbst unterworfen, sofern sie die Vernunft und den Fortschrittsoptimismus zum absoluten Prinzip erhebt. Indem Dürrenmatt Kants Selbstbegrenzung der Vernunft zum Maßstab nimmt und seismographisch jede Form von Verabsolutierung der Wahrheit, vor allem des naturwissenschaftlichen Wissens, notiert, stellt er sich in die Tradition der Aufklärung der Aufklärung: „Wir sind in unserer Wissenschaft an die Grenzen des Erkennbaren gestoßen. (...) Unsere Wissenschaft ist schrecklich geworden, unsere Forschung gefährlich, unsere Erkenntnis tödlich" (VII, 74), so summiert Möbius die Erkenntnissituation der Moderne.

Literaturwissenschaften studiert Dürrenmatt u.a. bei Fritz Strich, Emil Ermatinger und Emil Staiger. „Doch war ich nur in den ersten Wochen ein Student, nachher sah ich die Universität kaum mehr."[20] Danach wurde er Schriftsteller und verzichtete auf eine wissenschaftliche Karriere. Aus dieser Zeit resultieren die zahlreichen Verdikte Dürrenmatts über die Literaturwissenschaft, deren sie gewärtig sein muß, wenn sie auch sein Werk zum Objekt macht. Die Abneigung gegen die teils strukturanalytisch verfahrende, teils meditative Literaturwissenschaft der Nachkriegszeit, die eine immense Breitenwirkung im Rahmen einer Neubesinnung auf klassische Normen besaß,[21] ist ein Effekt der ideologischen Aufwertung der Literaturwissenschaft. Als Altsprachler mit dem „klassischen Erbe" durchaus vertraut, ja durch den Vater, einen *homme de lettres,* von Kindesbeinen an in eine mythologische Welt eingesponnen, befreit er sich – ein neuer Dädalus – von der klassischen Norm, läßt sich Goethe nicht mehr einreden, „während überall die goetheschen Ideale zusammenkrachten",[22] und entwickelt eine ihn mit Brecht verbindende Vorliebe für Trivialliteratur.[23] So beginnt der Roman *Das Versprechen* mit einem interessanten Kontrastprogramm: Der Erzähler hält in Chur einen Vortrag über den Kriminalroman, während gleichzeitig Emil Staiger in der Aula des Gymnasiums Goethe bespricht (vgl. XXII, 11). Kein Zweifel, wessen Vortrag besser besucht ist. Dürrenmatts Programm lautet: „Die Literatur muß so leicht sein, daß sie auf der Waage der heutigen Literaturkritik nichts mehr wiegt: nur so wird sie wieder gewichtig" (XXIV, 72). Die Frage, ob eine an der antiken Literatur orientierte Wissenschaft und eine am antiken Maß orientierte Geistesgeschichte das Wertvakuum der Nachkriegszeit durch die Wiederbelebung von Kategorien wie Harmonie und Kalokagathie auszufüllen vermöchte, beantwortet Dürrenmatt durch die *Parodie der antiken Muster.*

In diesen Studienjahren ist der Zündstoff gelegt, der 1967 im Züricher Literaturstreit zur Explosion gelangt. Emil Staiger hatte den Funken gezündet, indem er aus Anlaß der Verleihung des Züricher Kunstpreises die literarische Moderne verurteilte und zu einer normativ-ethischen Verpflichtung der Kunst zurückwollte: „Wenn solche Dichter behaupten, die Kloake sei ein Bild der wahren Welt, Zuhälter, Dirnen und Säufer Repräsentanten der wahren, ungeschminkten Menschheit, so frage ich: In welchen Kreisen verkehren sie?"[24] Angesichts einer solchen Neuauflage der *querelle des anciens et des modernes* nimmt Dürrenmatt Stellung durch ein Bekenntnis zur Autonomie und Universalität der Kunst. Umgekehrt bezichtigt er den deutschen Klassizismus nicht nur der Wirklichkeitsflucht, sondern auch der Mitverantwortung an den Greueltaten der deutschen Geschichte. Die idealistische Sittlichkeit, so Dürrenmatt, habe dazu beigetragen, die Moralität zu entwerten, zu entwirklichen und mit klingenden Phrasen die rhetorische Entstellung der Wirklichkeit im Nationalsozialismus vorbereiten zu helfen: „Hat vielleicht Schiller die sittlichen Energien nicht vermehrt, sondern gemindert? Hat er die Sittlichkeit zu allgemein und zu erhaben gesehen? (...) Haben die Klassiker Weimars wirklich nichts mit dem Nationalsozialismus zu tun, und ist es eine Gotteslästerung, diese Frage zu stellen?" (XXVI, 169) Das eigentliche Thema des Literaturstreits, das Verhältnis von Kunst und Politik betreffend, ist nicht das Thema Dürrenmatts, sondern der bloße Anlaß, sein Thema zu traktieren, das Thema von der Mißbrauchbarkeit der hohen Sprache. Seine Ideologiekritik praktiziert immer auch *Sprachkritik*. Deshalb wird aus dem Germanisten Staiger in Dürrenmatts *Der Sturz* der „Chefideologe" (XXIII, 47) eines totalitären Staates.[25] Die Sprache der Klassik, das werden die Güllener Honoratioren demonstrieren, wird nicht nur vom Kleinbürger gesprochen, sondern verleitet ihn auch, seine miefige Welt mit der Welt der Helden zu verwechseln.

Als Schweizer ist Dürrenmatt zur Skepsis gegenüber heldischer Geschichtsinterpretation besonders sensibilisiert. Das Dorf hat ihn zwar hervorgebracht, aber Dürrenmatt ist „kein Dorfschriftsteller" (XXX, 21). Von seinem Berner Landsmann Gotthelf und seinen Dorfgeschichten trennen ihn Welten, so sehr ihn auch die Dämonie des Gotthelfschen Dorfes fasziniert haben mag, so sehr, daß man vermuten darf, daß der moralische Verfall eines Dorfes angesichts ökonomischer Schwierigkeiten, wie ihn Gotthelf in *Die schwarze Spinne* schildert, in direkter Beziehung zur Korruption Güllens steht.[26] Gewiß färbt viele seiner Arbeiten Schweizer Lokalkolorit ein: Namen, Gebräuche, Lebensweisen, Sprachgestus, Anspielungen auf lokale Verhältnisse entstammen dem engsten Lebenskreis, sind aber eher zufälliger Natur, Wirklichkeitsreste im *Welttheater:* „Theater muß überall verständlich sein, ohne den Willen, Welttheater hervorzubringen, ist die Dramaturgie eine bloße Ansammlung theatralischer Küchenrezepte" (XXVIII, 61). Dürrenmatt ist kein guter Nationalist, und das nicht nur aus politischen, sondern auch aus dramaturgischen Gründen. Der politische Grund ist, daß die heroischen Freiheitstage der Schweiz der Vergangenheit angehören und Wilhelm Tell in der heutigen Schweiz nicht mehr vorstellbar ist. Der Rütlischwur pervertiert im Lande der Banken und Nummernkonten zur Farce, wie die Abstimmung über Ills Schicksal parodistisch demonstriert.[27] Es bestehe, so Dürrenmatt, auch kein Anlaß, die Schweiz und die Schweizer zu heroisieren, bloß weil sie den Zweiten Weltkrieg heil überstanden haben: Sie sind „davongekommen", weder durch überdimensionale Schuld belastet noch schuldfrei, „zwischen den Beinen des Dinosauriers" lavierend:

„Tell spannte zwar die Armbrust, doch grüßte er den Hut ein wenig – beinahe fast nicht –, und das Heldentum blieb uns erspart" (XXVIII, 63 f.). Daraus ergibt sich als dramaturgische Konsequenz: Die Schweiz ist nicht theaterwürdig. Damit distanziert Dürrenmatt auch seinen *Besuch der alten Dame* vom vergleichbar erscheinenden *Andorra* Max Frischs[28], der die Schweiz darstellen wolle, ohne daß ihm das gelinge. Die Schweiz sei nicht theatralisierbar, weil sie nichts symbolisch zu repräsentieren vermöge. Sie vermöge dies nicht, weil ihr die großen Helden wie die großen Verbrecher fehlen (vgl. XXVIII, 60 f.). Mag Dürrenmatt politisch den Föderalismus bejahen, literarisch gibt er ihm keine Chance. Güllen ist zwar in der Schweiz angesiedelt, aber trotzdem kein Seldwyla[29], auch nicht die Parodie einer schweizerischen Kleinstadt. Auch daß der Mammon das antike Schicksal ersetzt, erlaubt nicht, das Stück mit Dürrenmatts Schweiz-Kritik („Nur noch deine Bankgeheimnisse sind glaubhaft", XXVIII, 180) in Beziehung zu setzen. Die Schweiz ist keine athenische Polis, die gleichgestimmt das kritische Wort ihres Mitbürgers zu hören bereit ist. Die Kleinstadt Schweizer Gepräges ist lediglich das Zentrum für einen dramatischen Zirkelschlag, der Weltbedeutung beansprucht, „das Modell einer in sich geschlossenen Welt".[30]

## 1.2
## „Der Besuch der alten Dame" im Theaterwerk Dürrenmatts

Dürrenmatts Anfänge stehen im Zeichen eines Expressionismus, der nach dem Zweiten Weltkrieg eine Renaissance erlebt, weil sich die Geschichtserfahrung und das Lebensgefühl dieser Epoche in der Nachkriegszeit wiederholen. Obwohl Dürrenmatt den Zweiten Weltkrieg aus der Distanz miterlebt, partizipiert sein Frühwerk an der Bilderwelt, der mythologischen Übersteigerung und den Wortkaskaden dieses Stilbereichs. Das Wiedertäufer-Drama *Es steht geschrieben* (1946) dient nur als Anlaß, „Farben zu einer kunterbunten Welt, die gestern genau so war wie heute und morgen," (I, 13) zu geben. Die Szenenreihung des Stationendramas bietet den Figuren die Gelegenheit, Tiraden über Natur und Geschichte im Angesicht des Aufstiegs und Falls des Tausendjährigen Reichs von Münster zu produzieren. Jan Bockelson, seines Zeichens Schneider und Schauspieler aus Leiden, schließt sich der münsterschen Täuferbewegung an, verblödet das Volk durch die Vorspiegelung von Wundern und Privatoffenbarungen, entmachtet den Bürgermeister, stellt bürgerliche Moral und Ordnung auf den Kopf, wirft sich zum König eines chiliastischen Reiches auf und scheitert an der Koalition der Reichstruppen. Die theatralische Realisierung zeigt freilich, daß Dürrenmatt von der Dramenentwicklung zwischen den Weltkriegen, besonders von Brecht[31] und Wilder, Notiz genommen hat. Das expressionistisch-existentialistische Vokabular geht den Figuren nicht ohne Ironisierung über die Lippen. Ständige Illusionsbrechung (durch gelegentliche Einführung eines Spielleiters, Selbstvorstellung der Figuren, Distanz von Schauspieler und Rolle, direkte Appelle ans Publikum) geht einher mit dem verzagenden Versuch, Geschichte zu deuten. Unter dem Eindruck der deutschen Geschichte macht Dürrenmatt Ansätze, das Reich von Münster als Parabel zu interpretieren für die gottverlassene Geschichte, die dem Irrationalismus und Fanatismus und damit dem Zufall preisgegeben ist. Die zentralen Dürrenmatt-Themen, das von der Käuflichkeit des Menschen und das von der geschichtlichen Macht der Ideologie (vgl. I, 249 f.), werden schon im Erstling inszeniert. Noch sind auch die theologischen Schlußfolgerungen aus der Geschichtserfahrung Thema des Dramas: Die Theodizeefrage, die Frage nach der Rechtfertigung eines Gottes, der die chaotische Geschichte mit sich allein gelassen hat, beendet als närrischer Aufschrei das Stück. Die Figuren, die mit dem urchristlichen Gebot der Nächstenliebe und der evangelischen Tugend der Armut Ernst gemacht haben, erweisen sich als Narren im Durcheinander einer ewig wiederkehrenden Geschichte der Gewalt (vgl. I, 50). Der Tod der ernsthaft christlichen Figuren ist nur noch schauerlich, weil ihr Ernstnehmen der christlichen Botschaft dieser Geschichte unangemessen war. Was geschrieben steht (vgl. I, 44, 166), widerlegt die Geschichte, die die Humanisierung durch das Christentum nicht ratifiziert und der Gnade keinen Raum gibt, sondern allein der Rache offensteht.

Das in *Es steht geschrieben* noch versteckte Thema vom Welttheater wird in Dürrenmatts zweitem Theaterversuch *Der Blinde* (1947) zum eigentlichen Thema. Die gesamte Geschichte, eine historisch nicht fixierte Episode aus dem Dreißigjährigen Krieg, wird als Verblendungszusammenhang vorgeführt. Der blinde

Herzog eines fiktiven, von Wallensteins Truppen längst verwüsteten Fürstentums imaginiert sein Land als heile Oase in der Wüste der Geschichte. Ein blindlings zu seinem Statthalter ernannter Aufklärer inszeniert, um dem „Wahn" (I, 212) des Herzogs den Prozeß zu machen, ein Schauspiel, das die geschichtlichen Ereignisse, die zum tatsächlichen Ruin des Herzogtums geführt haben, rekapituliert, um die Verdrängungs- und Illusionsmechanismen der Wirklichkeitsflucht des Herzogs zu durchbrechen. Die „tragische Komödie" oder „komische Tragödie" (I, 174) dient dem Zweck, Geschichtsoptimismus und Geschichtsverzweiflung, Glauben und Wissen gegeneinander auszuspielen. Wer den Sieg davonträgt, ist nicht leicht zu entscheiden: Der Rationalist, eine satanische Gestalt, verfängt sich in seiner Gewißheit, daß die Wirklichkeit durchschaubar ist; der blinde Glaubende, eine Hiobsfigur, muß erfahren, daß das Spiel im Spiel in Wirklichkeit umschlägt und das einzige, was ihm blieb, Sohn und Tochter, dem Minotaurus der Wirklichkeit opfert. Sein einst utopischer Glaube hält in einem verzweifelten Trotzdem der Geschichtserfahrung stand.[32]

Das expressionistische Thema von der apokalyptischen Bedrohung der Geschichte, geboren aus der Erfahrung des Zweiten Weltkriegs, noch formuliert in der Sprache der Aufbruchsgeneration des Ersten Weltkriegs, bleibt für Dürrenmatt aktuell angesichts der Verelendung des moralischen Bewußtseins der Nachkriegszeit und der universalen Bedrohung durch die Nuklearwaffen. Aus der Einsicht, daß kein Pathos dem absoluten Grauen gewachsen ist, entwickelt sich eine neue Form, die aus der „Sackgasse"[33] der verbrauchten Mittel herausführt. Die neue Form wirkt durch den Kontrast. Dürrenmatt baut die Ansätze zur parodistischen Handhabung der Sprache in seinem Frühwerk zu einem allgemeingültigen Stilprinzip aus. Der Verzweiflung begegnet eine entemotionalisierte, aufs Notdürftige reduzierte Sprache. Farbigkeit und Buntheit der chaotischen Welt werden durch Entstofflichung der Bühne und Skelettierung der Handlungsführung ersetzt. Konzentration, Straffung und Objektivierung bezwecken, den Graben zwischen unvorstellbarer Wirklichkeit und vorgestellter Kunst demonstrativ aufzureißen. Durch Pointierung der Sprache und Brillanz der Fabelerfindung gewinnt die theatralische Finalität eine Durchschlagskraft, die ein verweilendes Pathos ausschließt. Dürrenmatt verzichtet darauf, die klassische Tragödie, vor allem die Geschichtstragödie, zu parodieren, und befreit sich durch den Entschluß, Geschichte in Form von Komödien vorzustellen, zu einem eigenständigen dramaturgischen Konzept. Die dramentheoretische Reflexion, die in diesen Jahren einsetzt,[34] geht Hand in Hand mit dem Abschied von einer immer schon vermittelten, parodierten, ins Äußerste getriebenen theologischen Problematik. Erst die Verweigerung gegenüber metaphysischen Antworten läßt zu, die Geschichte dem Höllengelächter der Komödie anheimzugeben. In dieselbe Zeit fallen deshalb auch erste Bemühungen um die Klärung des Begriffs des Grotesken. Der Stilbruch, der Barbarismus, nicht selten auch der Kalauer und der Gag werden zum Prinzip erhoben. Sie als Entgleisung zu tadeln verfehlt die Darstellungsstrategie Dürrenmatts, die vom Thesenstück ebensoweit entfernt ist wie vom idealistischen Ideendrama. Dürrenmatt erweist sich am Ende dieser Metamorphose als ein bösartiger, raffinierter Könner der Dramaturgie, als Demiurg seiner Kunstwelt, dem es gelungen ist, den Stall des Augias durch einen Gewaltstreich zu entmisten.[35]

Mit der Wendung zur Komödie hat Dürrenmatt Erfolg, nicht zuletzt weil er in ein „theatergeschichtliches Vakuum"[36] vorstößt: Die deutsche Bühne fand in der Nachkriegszeit nicht den Mut, mit der Geschichte komödienhaft zu spielen. Zum ersten Mal wagt Dürrenmatt den Untertitel „Komödie" für den Stoff einer kapitalen Katastrophe, den Untergang des Römischen Reiches. *Romulus der Große* (1948) heißt eine „ungeschichtliche historische Komödie", weil sie der Geschichte lediglich den einen oder anderen Namen, die eine oder andere Nachricht entlehnt. Aus dieser Nachricht, daß Romulus, der letzte römische Kaiser, sein Leben „als Verabschiedeter, mit einer Pension von sechstausend Goldmünzen, in einer Villa in Campanien" (II, 122) beschloß, formt sich der „Einfall", eine gegengeschichtliche, utopische Wirklichkeit zu konzipieren. Die Grundfrage Dürrenmatts, wer das Subjekt der Geschichte sei, wird angesichts eines „Helden" gestellt, dessen Name schon seine unheldische Natur verrät. In der Erstfassung kommt Dürrenmatt zu dem Ergebnis, daß, wenn schon keine Helden des antik-klassischen Typus mehr, so doch geschichtsmächtige einzelne möglich sind, die durch passiven Widerstand dem Geschichtsverlauf ein anderes Ziel aufprägen können. An der Hühnerhofexistenz des Kaisers, deren planvolles Ziel es ist, das römische Imperium zu zerstören, erweist sich ein neues Humanitätsideal der Gewaltlosigkeit und des Verzichts auf Machtpolitik, an dem faschistische Mobilmachung ebenso scheitert wie altrömische *virtus*. Freilich kann die Humanität nur durch die Schuld des Romulus erkauft werden, und der Zufall spielt schon eine Schlüsselrolle. Ohne den Zufall, daß der Germanenführer Odoaker ebenfalls die Hühnerzucht der imperialistischen Politik vorzieht, liefe Romulus' Widerstand gegen die Politik überhaupt ins Leere. So kann er am Ende seine Pension antreten, weil der von ihm ernannte König von Italien, Odoaker, seine „Politik" weiterverfolgen wird. Aus Romulus Augustulus ist durch den Verzicht Romulus der Große geworden (vgl. II, 114). Man wird den *Besuch der alten Dame* als Gegenentwurf und Widerruf dieses imperialen Idylls verstehen müssen. Die Humanisierung der Geschichte durch Entheroisierung, die Spiritualisierung der archaischen Moral durch das christliche Ideal des Gewaltverzichts (vgl. I, 44), im Wiedertäuferdrama gescheitert, kommen hier zum utopischen Ziel, wenn auch in einer Geschichte des Leidens, während dort das christliche Abendland in archaischen Barbarismus regrediert. Dort sind Weltpolitik und Moral käuflich, hier verweigert sich Roms Kaiser der Sanierung seines Staates durch die Industrie. Hier verhindert das Individuum, daß Staat und Geschichte seinen umfriedeten persönlichen Bereich zerstören, wo dort die überdimensionalen Transaktionen der alten Dame jeden utopischen Fluchttraum verbauen.

Schon in seinem nächsten Stück, *Die Ehe des Herrn Mississippi* (1952), nimmt Dürrenmatt endgültig Abschied vom Geschichtsoptimismus und experimentiert erneut mit den Nachtseiten der Ideologie. Das Experimentierfeld der Bühne soll „untersuchen, was sich beim Zusammenprall bestimmter Ideen mit Menschen ereignet, die diese Ideen wirklich ernst nehmen" (III, 57). Thesenhaft werden vier ideologische Positionen gegeneinandergestellt: die des Macht- und Realpolitikers, des kommunistischen Parteihörigen, des dem jüdischen Gesetz verpflichteten Gerechtigkeitsfanatikers und des Liebenden, der die christliche Moral praktiziert. Alle vier sind um eine wedekindsche Frauenfigur gruppiert, ein männermordendes Sexualwesen, eine „Hure Babylons" (III, 100) vom Zuschnitt der alten Dame, der mit den Männern die

Ideen zum Opfer fallen – bis auf den Machtpolitiker, der sich als einziger dem Einfluß dieser Lulu entziehen kann. Der Philanthrop Übelohe verfällt der Sucht, die Revolution des Kommunisten Saint-Claude scheitert, er selbst wird von der Partei eliminiert, und der Verfechter des mosaischen Vergeltungsrechts, Mississippi, geht an der Aufdeckung seiner eigenen schuldhaften Vergangenheit zugrunde. Der an Strindberg gemahnende Kampf der Geschlechter und die Ehehölle des Herrn Mississippi sind nur der Vordergrund für die Rekapitulation einer Ideologiegeschichte auf engstem Raum, die die geschichtliche Wirkkraft relevanter philosophischer und religiöser Entwürfe der abendländischen Ideengeschichte durchexperimentiert. „Recht" behalten nicht die Ideologen, sondern behält der Realpolitiker mit seiner These: „Alles in der Welt kann geändert werden, (...) nur der Mensch nicht" (III, 44), mögen auch die Sympathien auf den „lächerlichen Menschen" (III, 92), den Don Quixote Übelohe, gelenkt werden. Die Faktoren, die die alte Dame ausmachen werden, sind hier noch auf drei Figuren verteilt und erhalten durch ihre Vereinigung die groteske Durchschlagskraft. Die Vorgeschichte des Rechtsfanatikers Mississippi ist die der Claire Zachanassian: In seiner Jugend ist er wie sie von der Gesellschaft getreten worden und will ihr nun, da er arriviert ist, durch das Vergeltungsrecht beikommen. Die *femme fatale* Anastasia macht die Welt zum Bordell, und der Minister nutzt seine Kenntnis der Mechanismen des Handelns und der Moral zum machtpolitischen Zweck. Das brechtsche Lehrstück mündet in eine strindbergsche Resignation: „Es ist schade um den Menschen" (vgl. III, 84).

Pointiert setzt sich sodann *Ein Engel kommt nach Babylon* (1953) gegen Brecht ab, indem es – wieder in Form eines strindbergschen Traumspiels[37] – das Stück *Der gute Mensch von Sezuan* parodiert. Die Unvereinbarkeit von Macht und Gnade ist das Thema. Der Einbruch des Transzendenten in Gestalt des Gottesgeschenkes Kurrubi hat nur negativen Effekt: Der verwaltete Staat Nebukadnezars muß sich die Liebe des engelhaften Mädchens vom Leibe halten. Dem sozialen Wohlfahrtsstaat gelingt es, den Selbstbehauptungswillen des Bettlers Akki mit seinen Machtinstrumenten zu brechen. Nebukadnezar zieht der Liebe des Mädchens die Erhaltung der Macht vor und übergibt den standhaften Bettler, das letzte Individuum, dem Henker. Für beide, das transzendente Wesen und den mutigen Menschen, ist die Welt kein Ort des Bleibens; sie fliehen in die Unbehaustheit einer unermeßlichen Wüste. Das Symbol der Verweigerung und der Wunder der unberührten Schöpfung, die Wüste, wird drohend überragt von dem Zeichen des verwalteten, ins Gigantische gesteigerten apokalyptischen Machtstaates, dem „unaufhaltsam" (IV, 123) wachsenden Turm von Babylon. Dieser Turmbau ist in *Der Besuch der alten Dame* zur Vollendung gelangt.[38]

## 2
## Die Entwicklung der Dramenhandlung

*Der Besuch der alten Dame* zählt zu den glücklichen Titelerfindungen der Theatergeschichte. Sie formuliert das Zentralereignis aus der Perspektive der Güllener und enthält dem Leser und Zuschauer den Umschlag der Handlung vom Besuch zum Gericht vor. Sie hilft, den Schein zu produzieren, und nimmt teil an dem Euphemismus, zu dem die Güllener den Mord ummünzen werden. Nur die phonetischen Mittel (dunkler Vokalismus) deuten Schlimmeres an. Auch die Namenlosigkeit der Titelgebung gehört der euphemistischen Verrätselung des tatsächlichen Geschehens an; denn die Gattungsgeschichte lehrt, daß Tragödien mit dem Namen ihres Helden tituliert werden, nicht aber Komödien,[39] denen eher Typen oder Rollen den Namen geben. Darin wirkt die Bemerkung des Aristoteles nach, das Personal der Komödie sei erfunden, das der Tragödie durch Geschichte und Mythos tradiert. Die Titelkonvention lenkt die Erwartungshaltung auf eine Komödie und läßt der Desillusionierung Raum, daß diese alte Dame sich zu einer mythischen Figur auswachsen und Furcht und Schrecken verbreiten wird. Erst der Untertitel „tragische Komödie" weist das Gattungsproblem direkt aus, das sich schon hinter dem Obertitel verbirgt.

Dürrenmatts Weise, das Rätsel an Unheil, das die Welt ist, auszuhalten, ist die der Dramaturgie:

> „Ich zähle mich nicht zur heutigen Avantgarde, gewiß, auch ich habe eine Kunsttheorie, was macht einem nicht alles Spaß, doch halte ich sie als meine Meinung zurück (ich müßte mich sonst gar nach ihr richten) und gelte lieber als ein etwas verwirrter Naturbursche mit mangelndem Formwillen." (142)

Eben diese vorausgesetzte „Geltung" ist zu widerlegen. Die Bühnenwelt spiegelt nicht einfach die aus den Fugen gegangene Zeit, sondern gibt ihr paradoxerweise eine Struktur, die auf dem Stand der Technik ist. Die Tektonik verdankt sich einem exakten Kalkül, sie ist der Aufstand des Geistes gegen die Zeit.

## 2.1
### Die Exposition – 1. Akt („Gott hat uns vergessen")

Die Handlung setzt an dem Ort ein, an dem eine Stadt normalerweise mit der Welt verbunden ist: am Bahnhof. Zwischen Güllen und der großen Welt jedoch sind die Verbindungen abgebrochen. Verkehr, Wirtschaft und Kultur liegen darnieder, alles ist „aufs unbeschreiblichste verwahrlost" (13), obwohl das Städtchen eine Vergangenheit hat, ja sich „Kulturstadt" (14) nennen zu dürfen glaubte. Die Güllener, verlotterte Gestalten, die den Ort der Heimatlosigkeit bevölkern, haben zum Verfall scheinbar selbst nicht beigetragen, so daß sie nur ein Unnennbares, ein Schicksal, für ihre Situation verantwortlich machen können. Gängige Sündenböcke (die Freimaurer, die Juden, die Hochfinanz, der internationale Kommunismus) werden gesucht, um das „Rätsel" (18) zu erklären. Klagend sitzen die Bürger da, woher allein noch Rettendes zu erwarten wäre,[40] wo aber nur die Bummelzüge aus den Nachbarkäffern halten und nichts Neues bringen. Ihnen bleibt das Nachsehen hinter den Zügen aus der großen Welt. – Als erstes Omen der Katastrophe[41] schreitet der Gerichtsvollzieher zur Pfändung des Stadthauses selbst.

In der stellvertretenden Bankrotterklärung der Stadt wird aber sogleich – hier beginnt die Ambivalenz der Exposition – ein Hoffnungspotential frei, weil auf dem Tiefstpunkt der Gefährdung das Rettende wächst: Hoffnungen knüpfen sich an den Besuch der Milliardärin Claire Zachanassian, von der man weiß, daß sie sich als Wohltäterin gefällt. Alles aber, was so exponiert wird, ist falsch: einerseits falsches Bewußtsein (was die Verklärung der vergangenen Größe der Stadt angeht), andererseits falsche Analyse des gegenwärtigen Universalkonkurses (erst im 3. Akt offenbart die alte Dame, daß der Ruin ihr Werk ist), zum dritten falsche Hoffnung auf eine zukünftige Sanierung der Finanzen. „Von hinten her gelesen" – und analytische Stücke müssen vom Ende her erschlossen werden – steht hier schon fest, daß die Handlung den Verfall nicht aufhebt, sondern potenziert. Wenn am Schluß auf demselben, nun renovierten Bahnhof der Abschied der alten Dame besungen wird, hat das Stück nicht nur eine Kreisbewegung vollzogen, die durch die Entsprechung der beiden Bürgerchöre am Anfang und am Ende unterstrichen wird,[42] sondern eine Spiralbewegung nach unten: aus dem äußeren Verfall, bewirkt durch die Zachanassian, ist der moralische Verfall geworden, nicht minder verursacht durch die Planung der alten Dame. Das „Drama" der Verführung ist allein ihr Werk.

Es ist aber keineswegs so, als sei das Güllen der Exposition ein zwar verlaustes, aber moralisch doch integres Nest, das erst nach und nach einer übermenschlichen Verführung erliegen würde. Die Verführung hat schon begonnen. Die Vorbereitungen zum Empfang der ehemaligen Mitbürgerin zeugen von der Verderbtheit des Kollektivs. Nichts an den Vorbereitungen ist echt, alles ist in Szene gesetzt: „Wir müssen klug vorgehen, psychologisch richtig" (20). Die Generalprobe des Empfangs hat es darauf angelegt, mit Hilfe aller verfügbaren Medien die Sinne zu betrügen: optisch (durch das Transparent), musikalisch (durch Stadtmusik und Chor) und verbal (durch die Rede des Bürgermeisters). Ill hat lediglich die Funktion eines Requisits und mit ihm die ehemalige Liebe zu Kläri Wäscher, über die der Zuschauer in diesem Zusammenhang die wichtigsten Informationen erhält. Ill freilich, das ermöglicht erst das ganze Theaterspiel, läßt sich gerne als Lockvogel benutzen, weil sein Kupplerdienst mit dem Bürgermeisteramt entschädigt werden soll. Die „Gefühlsmanipulation"[43] der Kleinstadtbürger plant, Claire Zachanassian und Güllen zur Hure zu machen – zum zweiten Mal, während doch längst feststeht, daß Claire diese Welt als ihr „Bordell" (91) eingerichtet hat. Die Illusion, daß Ill Claire „im Sack" (25) hat, täuscht noch über den verborgenen Mechanismus hinweg, mit dem die alte Dame ihre Mausefalle versehen hat. Es ist folgerichtig, daß die Katastrophe dann auch auf dem Theater stattfindet: Der eine Akt simuliert eine intakte, wenn auch verarmte Polis, der andere dissimuliert den kollektiven Mord.

Die Sicherheit der Kleinstädter wird durch die Ankunft der alten Dame erschüttert. Die Planenden scheitern, bevor ihr Spiel überhaupt hat beginnen können, weil die „Naturgesetze" „aufgehoben" (21) werden. Der D-Zug, der die alte Dame bringt, hält zur Unzeit, weil sie die „Notbremse" gezogen hat. Der Halt des Zuges zerstört die Scheinordnung des Empfangstheaters. Die Fehlplanung gibt dem Zufall Raum und zeigt, daß eine andere die Fäden in der Hand hat, an denen die Güllener hilflos baumeln. Daß Claire die Notbremse ziehen mußte, qualifiziert ihren Plan und die Ordnung der Güllener Welt: Offensichtlich ist diese

Ordnung nicht von innen her reformierbar, sondern muß jemand von außen in sie einbrechen und sie außer Kraft setzen.

Weshalb denn die Regie des Empfangs kläglich versagt. Der rechte Moment ist im falschen Augenblick eingetreten. Der Empfang verläuft zwar drehbuchgemäß, aber phasenverschoben, so daß nichts mehr stimmt: Das Transparent ist unvollständig; die Rede des Bürgermeisters und die Chormusik gehen im Getöse des davonrasenden Zuges unter; das Wiedersehen der einst Verliebten nach 45 Jahren entlarvt die einst gültigen Werte: die Zachanassian führt ihren siebten Gatten mit sich, und Ill ist mittlerweile grau und versoffen; das Begrüßungsdefilee der Honoratioren verläuft wie eine Szene der *slapstick comedy:* der Zylinder wandert von Kopf zu Kopf – austauschbar, wie die Köpfe, die ihn tragen.

Die Ankunft der alten Dame markiert die Zäsur in der Bewußtseinsgeschichte der Kleinbürger. Sie werden nach und nach enttäuscht, und die Aufgabe der zweiten Akthälfte wird sein, die sukzessive Zersetzung der Illusion, die bis zu dieser Achse des Aktes angewachsen ist, und die langsame Bewußtwerdung der Bürgerschaft zu demonstrieren. Die Peripetie signalisiert zudem dem Zuschauer den Umschlag der Handlung, die als Situationskomödie begann, ins Groteske. Der Zuschauer in seiner Distanz hat den Figuren einen Bewußtseinsstand voraus, der die tragische Ironie der Szene erzeugt. Die Figuren verdrängen gleich wieder, daß Claires Ankunft von Todesmotiven umschauert ist: Der Polizist wird nach seiner Amtsausübung befragt, der Pfarrer nach seinem Verhalten bei Exekutionen, der Arzt nach seiner Praxis, Totenscheine auszustellen. Auch die makabren Begleiter und Mitbringsel, die zum Tode verurteilten Gangster, die Eunuchen, der Sarg, der Panther, die Kränze verursachen zwar Erstaunen, aber kein Nachdenken. Die Regiebesprechung im Goldenen Apostel analysiert nicht den Empfang, sondern beschwört die alten Illusionen, die Hoffnungen auf Karriere, wirtschaftlichen Aufschwung und Förderung des Bildungssystems. Die Analyse bleibt in der staunenden Aufzählung von Äußerlichkeiten befangen. Zeichen dieser reduzierten Reflexion ist die Form der Mauerschau, die gleichzeitig betrieben wird: Sie verlagert den imaginären Einzug des Trosses in den Zuschauerraum. Daß der Lehrer ausspricht, was tatsächlich geschieht („Sollte Klotho heißen, nicht

Claire", 34), übersteigt sein Bewußtsein, weil sich sein Bildungswissen verselbständigt hat.

Was für die Bürger Güllens im allgemeinen gilt, gilt für Ill beim Stelldichein im Konradsweilerwald im besonderen. Auch diese Szene ist von den Bürgern und Ill inszeniert, um Claire ein Hilfeversprechen zu entlocken; nur kippt das Spiel in Wirklichkeit um: Ill steigert sich in seine Rolle so hinein, daß die Erinnerung an die verlorene Einheit ihn zu blinder Ekstase verführt. Er erkennt zu spät, daß er das Rendezvous mit einer „Prothese" (40) feiert und daß Claire das Regiebuch in der Hand hat. Der „Wald ihrer Jugend" (38), die Stätte ehemaliger unverfälschter Liebesbeziehung, ist jetzt ein Sammelsurium von Attrappen, Theaterdekoration von und mit den Güllener Bürgern.

Nach der Anlage des ganzen Aktes muß jetzt ein zweiter Empfang folgen. Nun gelingt zwar die Inszenierung, aber sie endet mit einem Donnerschlag, der den des ersten Empfanges noch übertönt. Man fängt alles von vorne an: Die Stadtmusik spielt, der Turner turnt, der Bürgermeister redet und Jugendbekanntschaften werden begrüßt. Nur ist der gesamte Bühnenaufwand noch einmal gesteigert, die Ansprache des Bürgermeisters eine einzige hyperbolische Verfälschung der Vergangenheit, die mit der historischen Wahrheit und dem lakonisch-kaufmännischen Angebot der alten Dame angemessen beantwortet wird. In der Welt des Kommerz ist alles käuflich: der Richter, der Anwalt, die Kläger, die Zeugen und selbst der Angeklagte, alles in allem also die Gerechtigkeit. Die beiden Reden, die des Bürgermeisters und die Claires, entsprechen sich spiegelbildlich wie Illusion und Desillusionierung. Die Selbstenthüllung des ehemaligen Richters und die Entlarvung der ehemaligen Zeugen im Schandprozeß gegen Kläri Wäscher gipfeln die Vorgeschichte auf: Die Exposition umfaßt ein ganzes Leben. Jetzt wird die Szene zum Tribunal, weil die alte Dame ihre gesamte Existenz einer Revision ihres Prozesses und dem einen Gerichtstag über eine korrupte Welt gewidmet hat. Ihre Mittel sind die Mittel dieser Welt. Genau betrachtet, ist *Der Besuch der alten Dame* als Ganzes „letzter Akt", Katastrophe einer fünfundvierzigjährigen Leidensgeschichte, die in dieser Exposition des 1. Aktes eingeholt wird. Kein Zweifel, daß die emphatische Ablehnung der Milliarde durch den Bürgermeister, die den Akt beschließt, so falsch ist wie alle Worte der Kleinstädter,

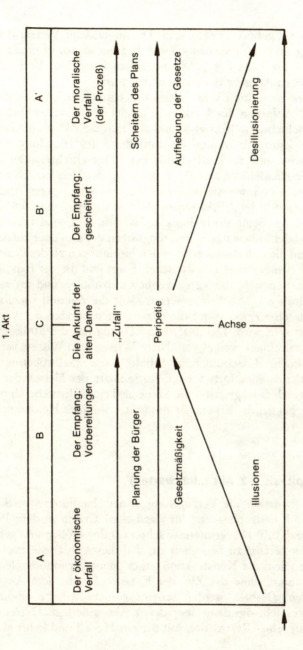

die bisher gehört worden sind. Der moralische Verfall, der am Anfang nur latent vorhanden war, beginnt ab sofort manifest zu werden. So endet der 1. Akt mit einem ironischen Vorhalt, den aufzulösen Aufgabe des zweiten sein wird.

Diese Exposition kann klassisch genannt werden, weil sie die beiden Aufgaben des 1. Aktes in idealer Weise verwirklicht: die Vorgeschichte nachzutragen und zugleich die Aktion in Gang zu setzen. Zum dritten sind die Entfaltung des Handlungszusammenhangs und die Einflechtung der Vorgeschichte so angelegt, daß die Handelnden und die Erinnerung der Handelnden nie als das erscheinen, was sie sind. Aus dieser durchgängigen Ambivalenz gewinnt der 1. Akt seinen Reiz, seine Spannung und auch seine Gags. Seine dritte Funktion ist also eine analytische: bewußte oder unbewußte Erinnerungslügen der Güllener aufzudecken und die sich daraus ergebenden Hoffnungen zu desillusionieren. Die Intention der analytischen Form und die der Exposition entsprechen sich: die Vergangenheit einzuholen und ins rechte Verhältnis zur Wahrheit zu setzen sowie die Zukunft vorzubereiten, die eine Antwort auf die tatsächlichen Sünden der Vergangenheit sein wird. Das analytische Drama hat die Struktur des Kriminalromans, weil es vom Nicht-Wissen zum Wissen, von der scheinbaren Unschuld zur Schuld, vom (Selbst)betrug zur (Selbst)entlarvung fortschreitet. Dürrenmatt, der Meister der Kriminalgeschichte, gestaltet die Szene als kriminalistische Untersuchung, bei der der Zuschauer als zweiter Sherlock Holmes mitengagiert ist.

## 2.2
### Die Epitasis – 2. Akt („Ich warte")

Die Retardation, die Verzögerung in der Handlungsentwicklung vor der Katastrophe, setzt im klassischen Drama an dem Punkt ein, wo das Zuschauerinteresse schon auf den Höhepunkt geführt und der Gefahr zu begegnen ist, daß dieses Interesse nachläßt. Das Problem der Konstruktion ist, ein neues Spannungselement einzuführen, ohne das Ziel der Katastrophe aus dem Auge zu verlieren. Deshalb werden scheinbar nichttragische Lösungen durchgespielt, die dann aber der 5. Akt widerlegt. Dürrenmatt spielt in seiner Retardation mit diesem Modell und kehrt es um.

Der Höhepunkt des 1. Aktes läßt, zumindest äußerlich, die nichttragische Lösung des Konflikts zu, die tragische Lösung wird sogar, wenn auch trügerisch, vom Bürgermeister mit Entschiedenheit verworfen. Nach außen hin ist deshalb der 2. Akt nichts als Retardation: Die alte Dame wartet und tut nichts außerdem. So betrachtet, ist Dürrenmatts 2. Akt die radikalste aller denkbaren Retardationen, die reine Stagnation, die notwendig aus dem Handlungszusammenhang des 1. Aktes folgt. Auf künstliche Spannungssteigerung kann Dürrenmatt deshalb verzichten.

Gleichzeitig aber führt er eine Parallelhandlung ein, und in ihr findet das eigentliche Drama statt. Das Warten der Zachanassian ist die Kontrast„handlung" für die dramatische Aktion, die sich ganz um Ill konzentriert und für die Zuspitzung der Problematik in der reinen Stagnation sorgt. Der Gegensatz von Retardation und Beschleunigung entspricht dem zwischen Claire einerseits und dem Ort andererseits. Deshalb ist der Handlungsraum zweigeteilt: im Hintergrund, über dem Ganzen schwebend, ist der Balkon der alten Dame angebracht, auf dem Entwicklungslosigkeit herrscht, im Vordergrund wechseln die Spielorte (Ills Laden, Polizeiwache, Stadthaus, Sakristei) wie die Stationen eines Kreuzweges,[44] den Ill zu gehen hat. Auch diese Vordergrundshandlung kennt zwar Entwicklung, jedoch wenig Aktion. Die Sequenz der Fetzenszenen zeigt Partikel eines Bewußtseinsdramas. Dem düster drohenden Warten der alten Dame korrespondiert ein Psychogramm der Stadtbewohner, das nur an scheinbar oberflächlichen Signalen abgelesen werden kann. Durch zwei Perspektiven, die kühl-objektivistische der alten Dame und die existentiell erregte Ills, nimmt der Zuschauer an einer Spurensuche teil, die sich auf einen noch nicht vollzogenen Mord bezieht und keine Tatindizien, sondern moralische Indizien sammelt. Der Zuschauer als Detektiv der Moral sieht einerseits, mitleidend, den Untergang der Wertordnung sich vollenden und ist andererseits ein Detektiv neuer Ordnung, der wie Kohler, die Zentralfigur von Dürrenmatts jüngstem Roman, *Justiz,* Kriminalistik als Experiment betreibt. Denn das bedeutet das Warten der alten Dame: das Experiment, einen Kriminalfall auf die Zukunft hin zu planen und dabei die unbekannten seelischen Reaktionen der Beteiligten in ein kalkuliertes Spiel einzubeziehen, durch das die Möglichkeit der Hypothese Wirklichkeit wird. Das innere

Drama, das der Vorschlag der alten Dame in Gang gesetzt hat, ist wie das Billardspiel Kohlers zu verstehen: der angestoßene Ball ruft, von der Bande zurückprallend, eine berechenbare Reihe von Kausalfolgen hervor.

Der Akt ist in drei Szenenkomplexe gegliedert: Der erste zeigt den Laden Ills mit wechselnden Käufern und in diesem Spiegel sowohl die wachsende Amoralität des Städtchens als auch Ills Selbstanalyse. Der zweite konzentriert sich auf die Konsequenzen, die Ill aus seiner Bewußtwerdung zieht, eine Serie von Umstimmungsversuchen und Hilfsgesuchen bei den staatlichen und kirchlichen Ordnungsmächten sowie bei der Ordnungsinstanz schlechthin, bei Claire Zachanassian. Beide Auftrittsfolgen sind von der Balkonszene begleitet; am Ende der zweiten treffen beide Handlungsstränge zusammen. Der dritte Komplex dann zeigt das Ende von Ills Hoffnung und seinen gescheiterten Fluchtversuch.

Die Anfangsszenen des inneren Dramas sind noch getragen vom Illusionismus der Bürgermeisterantwort: Ills Kinder suchen Arbeit, und Ill möchte ihre Solidarität durch die Inszenierung einer Familienszene honorieren. Die Kunden überhäufen Ill mit Komplimenten, Solidaritätserklärungen und moralischer Verurteilung nicht-solidarischer Gemeindemitglieder. Gleichzeitig und von Anfang an sind alle moralischen Deklarationen wie im 1. Akt doppelbödig. Die Familienidylle stimmt nicht, denn die Mutter läßt sich entschuldigen; die Unterstützungszusagen sind hohl, denn sie sind reine Erpressung; und die Verurteilung der Überläufer hat das Ressentiment diktiert. Alles schielt schon hin zum neuen Repräsentanten der Macht und der Lebensform, die das Geld möglich macht. Aus der „beliebtesten Persönlichkeit" ist am Ende der Szenenfolge die „wichtigste" (57) geworden. Jetzt hat Ill den Prozeß der sich umwälzenden gesellschaftlichen Verhältnisse begriffen.[45] Der Konsum auf Kredit setzt – das ist den Bürgern noch nicht bewußt – die katastrophale Lösung des Konflikts voraus.

Währenddessen thront Claire Zachanassian in olympischer Ruhe und läßt ihr System für sich arbeiten. Die Szenenbruchstücke, filmische *inserts,* tragen den Lebensstil der großen Welt in die Öffentlichkeit und nehmen durch ihren negativen Vorbildcharakter die Lebensweise vorweg, die die Güllener kleine Welt Schritt für Schritt einzuholen im Begriff ist: Musik wird in der ersten, „sündhaft teure Sorten" (56) von Zigarren werden in der anderen, Whisky pur wird in der nächsten, das Verlobungsfrühstück in der folgenden und schließlich der zukünftige achte Ehemann konsumiert. Erinnerungen an diverse Ehen und Ehemänner unterstreichen den pointierten Immoralismus der mondänen Welt. Alles, auch der Eros, ist instrumentalisiert. Ausdrücklich nimmt die alte Dame von der ihr zu Füßen liegenden Kleinstadtwelt keine Notiz. Die Mauerschau, der Blick auf die gestörte Dorfidylle, ist die Sache des Domestiken, des achten Gatten. Obwohl kein Kontakt zwischen den beiden Handlungsebenen besteht, korrespondieren sie kontrastierend miteinander: Schraubt die Dame ihre Prothesen an, haben die Kunden neue Schuhe gekauft; trinkt sie Whisky, pumpt der zweite Kunde Cognac; raucht sie, kauft der erste Zigaretten, der zweite Tabak; frühstückt sie, muß Ill auf sein idyllisches Familienfrühstück verzichten, und kauen die Frauen ihre Schokolade; verschreibt sie sich ihren achten Mann zum Frühstück, jagt einer ihrer Gangster „ein fast halbnacktes Mädchen" (57) in einer grotesken Pantomime über die Bühne. Das Marktgesetz, das so demonstriert wird, verlangt nach einer Fortsetzung: Bald wird auch Ill dem Konsum zum Opfer gebracht werden. Deshalb Claires Kommentar zum Aufruhr im Städtchen: „Man wird sich um den Fleischpreis streiten" (60). Es gibt nur eine Grenzüberschreitung zwischen den beiden Welten, und das gleich zu Beginn, wenn die Beerdigungskränze durch den Ort zum Hotel transportiert werden, die das Ziel des ganzen Arrangements symbolisieren.

Ills Bewußtwerdung und Aufbegehren werden in himmlischen Rängen als Ausdruck des „Kleinstadtlebens" (60) registriert. In den Augen der Götter verschwinden Leiden und Todesschicksal derer da unten gegen Null. Im Handlungsvordergrund allerdings verkehren sich die Verhältnisse. Ill, der notiert hat, daß die Werte in Bewegung geraten sind, empfängt nicht mehr Kundschaft bei sich, sondern geht den Weg der Instanzen, um an das verbleibende Wertbewußtsein zu appellieren. Durch die Konfiguration und Choreographie ist dieser Ausbruchsversuch in den räumlichen Verhältnissen gespiegelt. Ills Weg führt aus dem Kollektiv der Verräter hinaus in die Isolation der Selbstverantwortung. Anstelle der Bemäntelungen grinst ihm nun allenthalben die nackte, tödliche Wahrheit entgegen. Die leeren Beschwörungen „felsenfester" (56f.) moralischer Position weichen dem offenen Eingeständnis des moralischen Rückzugs. Für die Exekutive sind „Anstiftung zum Mord" (62) und Erpressung kein Grund zum Einschreiten, der Bürgermeister beginnt den Plan der alten Dame zu rechtfertigen und Ills Schuld „Verbrechen" (70) zu nennen, der Pfarrer theologisiert das Geschehen als Bußübung mit dem Ziel des ewigen Heils und verweigert ihm das Asylrecht. Währenddessen schwillt der Konsum immer rascher an: Kleidungsstücke, Radios, Schreibmaschinen, Waschmaschinen, Goldzähne, Fernsehapparate, Pläne für ein neues Stadthaus, eine neue Glocke indizieren die allumfassende moralische Desintegration. Die Ordnung bleibt bis zum Schluß gewahrt, indem ihre Vertreter auf Handeln verzichten. Sie betreiben passive Sterbehilfe: „Es ist besser, wir schweigen über das Ganze" (71).

In dem Wertsystemkonflikt zwischen dem Kollektiv und dem gehetzten einzelnen ist keine Vermittlung möglich. An Werte zu appellieren, hat keinen Sinn, wenn sie nicht Ausdruck einer kollektiven Gesinnung sind. Die Worte täuschen einen Wertkonsens vor. Den Wandel von Selbstbefreiung zur Verzweiflung, die aus dieser Beobachtung Ills folgt, verbildlicht Dürrenmatt in einer allzu deutlichen weiteren Parallelhandlung, in Ausbruch und Hatz des schwarzen Panthers. Die Stränge von eigentlicher Handlung und Symbolhandlung sind lediglich phasenverschoben, wenn auch ineinander verwoben. Der Tod des Panthers nimmt zu einem Zeitpunkt der aktiv betriebenen Passivität vorweg, was mit Ill geschehen soll. Er mag psychologisch als „Ersatzleistung"[46] für die unbewußt schon vollzogene Tötung Ills verstanden werden. Zugleich legt er die Unentrinnbarkeit des Todesloses fest. Die Gewehre, die die Ordnungshüter und schließlich alle Güllener tragen und laden, sind auf Ill gerichtet (vgl. 66). Über allem sinkt Ill zu Boden, als Schüsse fallen und der Panther just vor seinem Laden zur Strecke gebracht wird. Zugleich holt die Pantherhandlung die Vergangenheit ein; der Panther war zum Ort der Liebe, zum Konradsweilerwald, geflohen.

Während dieser Vorgänge ist der Balkon nur pantomimisch oder durch Wortfetzen präsent: Die alte Dame tätigt die entscheidenden finanziellen Transaktionen hinter der Kulisse, die die Vorbedingung dafür sind, daß Ill dem Panther nachstirbt. Mit dem Tod des Panthers werden die beiden Handlungsstränge direkt verflochten, weil sie unmittelbar auf den 3. Akt hinzielen. Im Moment seiner größten Machtlosigkeit trägt Ill selbst ein Gewehr. Die um ihre Liebe betrogene Liebende läßt sich aber nicht drohen und auch nicht überreden, die Tragödie, die sie inszeniert, in eine Komödie umzufälschen („Sag doch, daß du Komödie spielst", 78). Der Versuch, Claire zu töten, scheitert an der Erinnerung, die die Grundlage des Gewissens ist. Diese Balkonszene, die Ills Ende unausweichlich macht, rekapituliert die erste Begegnung der beiden Liebenden. Die Erinnerung an die erste Liebe besiegelt den Tod. Beide Balkonszenen, die jetzt stattfindende und die imaginierte, wiederholen *die* Balkonszene der Literatur, die vom Tode überschattete nächtliche Begegnung der Stimmen von Romeo und Julia in Capulets Garten.

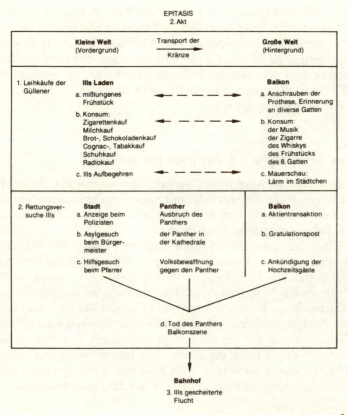

Die letzte Szene des Aktes ist allein dem Drama zwischen Ill und den Güllenern vorbehalten: „Der Balkon verschwindet" (80), weil er seine Aufgabe erfüllt hat: Die *à la bande* gespielte Billardkugel hat sich verselbständigt. Ills Versuch, den Zug nach Kalberstadt zu nehmen, muß nach den Gesetzen des Ortes scheitern, weil keiner die geschlossene Gesellschaft Güllens verlassen kann als die alte Dame allein. Denn Güllen ist zur „Hölle" geworden (vgl. 38, 74, 108), die Verbindungen zur Außenwelt sind abgerissen, die Post versagt, und Briefe an den Regierungsstatthalter werden nicht mehr beantwortet. Das „gehetzte Tier" (81) Ill wird chorisch vom Kollektiv umzingelt. Nur scheinbar klafft hier eine Motivationslücke: Die Güllener wünschen Ill gute Reise, behaupten Platz machen zu wollen und weichen doch nicht, während Ill die verbal versprochene Freiheit nicht nutzt und zurückbleibt. Ill setzt sich nicht unmotiviert dem Prozeß aus,[47] sondern das Kollektiv läßt ihm trotz gegenteiliger Beteuerungen keine Entscheidungsfreiheit. Die Divergenz von Wort und Tat ist das Zeichen der doppelten Moral, die die Güllener seit Beginn des Aktes praktizieren. Die moralische Schizophrenie hat die Einheit von Wort und Bedeutung zerstört. Ill bricht ein zweites Mal unter seinem Kreuz zusammen.

## 2.3
### Die Katastrophe – 3. Akt („Ich bin verloren")

Im 3. Akt alternieren die Szenen der Erinnerung (Petersche Scheune, Konradsweilerwald) mit Szenen der unbemäntelt brutalen Gegenwart (Ills Laden, Theatersaal, Bahnhof) so, daß die einen als Folge der anderen erscheinen.

Zwischen „riesige(n) Spinnweben" (86) träumt die Schwarze Spinne Claire Zachanassian am Tag ihrer Hochzeit mit dem achten Gatten den Traum von verlorener Liebe noch einmal. Sie hat ihr tödliches Netz gesponnen. Jetzt erfahren wir von der giftigen Arachnide das letzte, entscheidende Element der Exposition, das die Analyse des Stücks ans Ende führt: Sie hat Güllen aufgekauft; Geschäfte sind mit ihr nicht mehr zu machen. Nur eins verweigert sich ihrem Geld: die Liebe. „Der Jugendtraum, im Güllener Münster getraut zu werden" (42), kann nur durch eine farcenhafte Ersatzhandlung realisiert werden, in der die Figuren austauschbar sind. Deshalb sind Tag der Hochzeit und Tag der Scheidung identisch.

Damit ist auch die Präsentationsweise des 3. Aktes festgelegt: Er ist als ganzer Theater auf dem Theater. Zunächst unternehmen die Intellektuellen des Ortes, Arzt und Lehrer, einen letzten Vermittlungsversuch. „Durchs Dunkel tappend", „verstaubt" (86), repräsentieren sie die „zerbrochene" (87) Wertwelt, die auch das Hochzeitstheater zitierte: 1 Kor. 13, des Paulus Hohes Lied auf die Liebe, und die Matthäuspassion, die Klage um den toten Gott des Christentums, sind wie die „Humanität" (88) des Lehrers Versatzstücke in einem Welttheater der Umwertung der Werte. Seine Vertreter, die Akademiker, haben den Anspruch auf Moral verscherzt, weil sie sich dem Konsum auf Kredit nicht versagt haben. Ihr Vermittlungsversuch verquickt Humanität mit Kommerz, insofern sie der alten Dame ein Geschäft zur Ausbeutung der Güllener Rohstoffquellen antragen. Als Claire den letzten Abgrund ihres Planes offenbart, bleibt nur der Appell an die Gnade.

Die Szenenfolge in Ills Laden (unterbrochen von Ausblicken auf die Dorfstraße) wiederholt die erste Szenenfolge des 2. Aktes, aber auf einer neuen Stufe des Bewußtseins. Die Wiederholung der Einkaufsszenen veranschaulicht in der Wiederkehr des Gleichen, daß die Bürgerschaft ihren Kampf mit dem Schein aufgegeben hat und nicht länger die alte Weltordnung simuliert. Die alte Dame ist nicht länger das Ungeheuer, sondern „Klärchen", das ins Unglück gestürzte Mädchen, die „brave Frau" (91), Ill nicht weiter die „beliebteste Persönlichkeit" (57), sondern ein „Schuft" (101), Gegenstand des „Volkszorn(es)" (93). Der Umschlag der Werte in ihr Gegenteil ist nun manifest, die Beihilfe zum Mord aktiv geworden. Man bewacht die potentiellen Fluchtwege Ills; man schweigt nicht mehr bloß, sondern hindert, daß die Wahrheit publik wird; man fälscht vor der Weltöffentlichkeit die Geschichte um. So ist die Lüge zur Weltordnung geworden und der Vorschlag der alten Dame zum ersten Mal öffentlich diskutabel. Der einzige Protest gegen die kollektive Verblendung, der des Lehrers, ist das Ergebnis alkoholischer Vernebelung und wird durch das Kollektiv, im Verein mit Ill, im Keim erstickt.

Von Ill weiß der Zuschauer bis zu diesem Moment nur durch Botenberichte. Er hat sich im Obergeschoß seines Ladens eingeschlossen, „geht immer hin und her", „seit Tagen" (94, 93). Die Isolation des Opfers entspricht der Umzingelung des Panthers im 2. Akt. Aus der Angst ist Einsicht geworden; deshalb wehrt sich Ill, daß der Prozeß, der zur Resignation geführt hat, durch die Enthüllung des Lehrers wiederaufgenommen wird. Er als einziger Güllener hat sich im Gefängnis seines Ichs mit der Schuld konfrontiert und sie akzeptiert: „Ich habe Klara zu dem gemacht, was sie ist" (102). Die Wahrheit läßt sich nicht veräußerlichen: „Aber nun schließe ich mich ein" (109). Jetzt zerfällt auch die letzte gesellschaftliche Einheit, die Familie. Auch sie hat dem Gott der Hochkonjunktur geopfert; an den Statuszeichen der großen Welt (Tennis, Auto, Pelzmantel, Weiterbildung) ist sie zu erkennen. Die radikale Einsamkeit Ills verweigert sich dem Selbstmordvorschlag des Bürgermeisters. Ill spielt das öffentliche Theater nicht mehr mit und konfrontiert das Kollektiv mit der Notwendigkeit, Schuld auf sich nehmen zu müssen. Dadurch gewinnt er eine nicht moralisch zu verstehende Größe, die ihn der Größe der Zachanassian annähert. Erst dieser Annäherungsprozeß macht die vergangene Liebe plausibel.

In seiner nun erworbenen Seelenruhe läßt er die letzte Ausfahrt wie ein Gestorbener über sich ergehen. Stadt und Natur haben schon den Zustand erreicht, der seinen Tod voraussetzt. Auch das zweite Rendezvous im Konradsweilerwald (Parallelhandlung zur ersten und Kontrasthandlung zur zweiten Szene) gewinnt seine besondere Gestimmtheit dadurch, daß nun beide Partner desillusioniert sind und ihre Biographie distanziert analysieren. Henker und Opfer treffen in vollem Bewußtsein ihrer Rolle zusammen. Der Verurteilte nimmt Claires Richterspruch an.

Daß die Waldszene unmittelbar in die Theatersaalszene übergeht und sich die Bäume auf offener Szene in Bürger zurückverwandeln, ist mehr als ein Scherz. Die Szene auf dem Stadttheater zerrt die Intimität der Begegnung unmittelbar ins Rampenlicht der Öffentlichkeit. Der Mord an Ill verblüfft durch die Raffinesse der Inszenierung, deren der Kleinbürger fähig ist. Jetzt – im Gegensatz zum Empfang der alten Dame – funktioniert alles wie am Schnürchen. Alles ist doppelt vermittelt, einmal durch den theatralischen Schauplatz, zum anderen durch die Reportage und den Kommentar der Medien. Durch dieses Arrangement gelingt es

Dürrenmatt, den Verschwörungszusammenhang, der total ist, mit der Welt, deren Repräsentant der Reporter ist, in Beziehung zu setzen. Das Ende gewinnt dadurch die Wirkung der Ausweglosigkeit, daß die Öffentlichkeit betrogen werden kann, weil sie betrogen werden will. Güllen ist keine amoralische Enklave in einem moralischen Weltganzen, sondern das Gewissen der Welt ist ebenso wenig sensibilisiert wie das der Güllener.

Die demagogischen Reden des Bürgermeisters und des Lehrers, Paradebeispiele rhetorischer Massenpsychologie, übertönen das Schweigen der Antagonisten: Claire Zachanassian darf nur noch mit ihrem letzten „der Check" zu Worte kommen, Ill bricht sein Schweigen nur, als er zum dritten Mal unter seinem Kreuz mit dem Aufschrei seiner Gottverlassenheit („Mein Gott!", 125) zusammenbricht. Dieses einzige existentielle, nicht geschauspielerte Wort verweigert sich der Komödie der Wiederholung der Abstimmung. Es ist gleichsam nicht gesprochen, die Öffentlichkeit hat es nicht vernommen wie die letzten Worte Christi. Der Reporter hat in ironischem Sinne recht, wenn er die in der Rede des Lehrers verurteilten „Verbrechen" als „Ungerechtigkeiten" interpretiert, „wie sie ja in jeder Gemeinde vorkommen, überall wo Menschen sind" (122).

Ills Ende verläuft nach dem Ritual:[48] Jeder hat seinen genau definierten Part in einem Spiel, das dem christlichen Mysteriendrama wie der griechischen Tragödie gleichermaßen die Grundlage entzieht. Die Zahnräder der Vernichtungsmaschinerie greifen ineinander wie in Kafkas *Strafkolonie*. Durch das Theaterspiel auf dem Theater läßt sich der Autor ironisch das Regiekonzept aus der Hand nehmen. Er verhüllt gewissermaßen sein Haupt vor dem, was nun geschieht, und überläßt die Ausgeburten seiner Spielwelt sich selbst. Das Stück gewinnt eine Eigendynamik, die, der Gerichtsankündigung des Propheten Amos (vgl. 128) entsprechend, über sein Ende hinauszielt. Tatsächlich ist auch Claire Zachanassian als Directrice dieses Dorftheaters zurückgetreten, nachdem sie den Scheck übergeben hat. Am Anfang beginnt das Stück mit einer Schmierenkomödie am Bahnhof, und es endet mit einer ebensolchen. Und so wird es weitergehen. Die, die Ill den Prozeß gemacht haben, werden selbst zu Angeklagten. Ihre Tat fällt zurück auf ihr eigenes Haupt. Der Zyklus von Rache, Verführbarkeit und Korruptheit ist nirgends durchbrochen. Es gilt das Wort des Pfarrers: „Gott sei uns gnädig" (128). Es steht als Motto über dem 4. Akt.

Die Parodie auf Sophokles' *Antigone* folgt notwendig auf die Parodie des christlichen Passionsspiels, weil beide Wertwelten durch die Korruptibilität der menschlichen Natur widerlegt sind. In diesem „Welt-Happy-End" (132) geht es nicht allein um die Güllener, nicht um die Unangemessenheit und Anmaßung, daß Güllener in einen Dithyrambus ausbrechen. Auch das Parodierte ist durch die Parodie betroffen. Kostbarkeiten verlieren an Glanz, wenn sie in schmutzige Hände gelangen. Der Abgesang ist nicht partikulär, sondern betrifft die „Welt": ein perverser Schwanengesang auf eine Jahrtausendkultur.[49]

Der letzte Akt hat zwei Prozesse ans Ende gebracht,[50] einen gegen Ill und einen gegen Güllen, den einen wegen verratener Liebe, Bestechung, Meineid, Rufschädigung und Käuflichkeit, den zweiten gegen die Moral der modernen Gesellschaft, deren Exponent Ill lediglich war und die den tragenden Grund für seine Fehlhaltung ausmacht. Der erste Prozeß sanktioniert eine Tat der Vergangenheit, der zweite vollendet sich erst in der Zukunft. Der erste ist das Ergebnis eines Experiments der alten Dame mit den Güllenern als Objekten, im zweiten sind die Zuschauer selbst die Versuchskaninchen. Der erste, ein Privatereignis, weitet sich aus zum universalen Ereignis des zweiten. Deshalb sind Privatstrang und Kollektivstrang der Handlung kunstvoll parallelgeführt.[51] Beide Prozesse werden so vereinigt, daß die Henker des ersten Prozesses die planvoll eingesetzten Angeklagten des zweiten sind. Die potenzierte Unausweichlichkeit zeigt sich darin, daß den Henkern eben deswegen der Prozeß gemacht wird, weil sie sich zum ausführenden Organ des Prozesses gegen Ill haben machen lassen. Für die Gesinnungslumperei der Güllener gibt es nur ein angemessenes Verdikt: die Korruption auf ewig, während Ill hingegen eine Entwicklung zugestanden wird, die keiner anderen Figur gelingt: sich seiner Schuld bewußt zu werden und sie zu akzeptieren. Daß die Prozeßexperimente gelingen können, setzt die Verderbtheit der menschlichen Natur voraus. Das ist der eigentliche Grund, warum das Stück in sich selbst zurückläuft.

## DIE BEIDEN PROZESSE
### 3. Akt

| Raum<br>verfallende Natur<br>Verinnerlichung<br>Individualisierung | III-Prozeß | Güllen-Prozeß | Raum<br>technisierte Stadt<br>Veräußerlichung<br>kollektive Hysterie |
|---|---|---|---|
| | Erinnerung an verratene Liebe | Aufkauf der Güllener Wirtschaft | |
| 1. Scheune | | Simulation von Harmonie vor der Presse | 2. Laden |
| | | Umwertung der Werte | |
| 3. Wald | Richterspruch Claires über Ill | Selbstverurteilung der Güllener durch Exekution Ills | 4. Theatersaal |
| | | Passionsspiel vor der Weltöffentlichkeit | |
| | | Tragödienspiel ewige Wiederkehr der Korruption | 5. Bahnhof |

# 3
# Figuren und Konfigurationen

## 3.1.1
### Die Besuchten: das Kollektiv

Die doppelte Handlungs- und Prozeßführung hat zur Folge, daß das Ensemble der Besuchten in zwei Lager geteilt ist, die sich wiederum antagonistisch gegenüberstehen: der einzelne, Ill, und das Kollektiv der übrigen Einwohner Güllens. Das Kollektiv zählt wie ein Mann, es ist als Kollektiv dramatische Figur. Der Autor geht mit der Individualität der Güllener höchst nachlässig um und läßt sie wie „Typen" (139) auftreten. Außer Ill wird nur noch Fräulein Luise, dem Russenliebchen des Dorfes, die Ehre zuteil, im Personenverzeichnis namentlich genannt zu werden; und Fräulein Luise hat eine lediglich pantomimische Rolle. Tochter und Sohn Ills, ebenso der Arzt erhalten erst im Verlauf des Stücks Namen. Die Honoratioren des Ortes firmieren im Personenverzeichnis unter ihrem Appellativ. Der Rest der Güllener wird numerisch katalogisiert. Andere, stumme Rollen (Klärchen Dummermuth, Mathildchen Blumenhard) werden erst gar nicht aufgeführt. Das Wesen des Kollektivs ist seine Anonymität. Das *crucifige* des Schlusses kann nur von einer gesichtslosen *turba* geschrien werden. Bei der Schlußabstimmung über Ills Tod gibt nicht das Individuum, sondern die reine Zahl der Stimmen den Ausschlag.[53]

Dürrenmatts Bürger sind mit Absicht blaß und konturenlos, denn sie sind Schachfiguren im Spiel der Macht (vgl. II, 148). Ihre Verkommenheit entspricht dem Namen ihrer Stadt. Sie sind wie die Einwohner von Elis, der verjauchten Stadt,[53] die zu entmisten Herkules nicht gelingt. Die eindimensionale Verflachung des Personals dient der Intention, die Aufmerksamkeit ganz auf das massenpsychologische Konstrukt der Verführbarkeit des Kollektivs zu lenken. Individualisierung würde die experimentellen Bedingungen verfälschen.

Das darf aber nicht so verstanden werden, als sei es in Dürrenmatts Belieben gestellt gewesen, die Bürger zu individualisieren. Ihre Vermassung entspricht Dürrenmatts Verständnis des modernen Menschen. Daß die Güllener als Chor auftreten, hat nicht den bloß formalen Sinn, das antike Chorwerk zu parodieren. In der antiken Tragödie repräsentiert der Chor die Polis, die religiöspolitische Gemeinschaft, die der Bedingungsgrund für die Feier des Gottes in der Tragödie war. Schiller schon hatte erkannt, daß der Chor „in der alten Tragödie mehr ein natürliches Organ" war, in der „neueren Tragödie" aber „zu einem Kunstorgan" wird.[54] Die Verbindlichkeit, die dem chorischen Sprechen ursprünglich natürlicherweise zugehörte, hat es verloren, und auch künstlich läßt sich ihm nicht mehr die Aufgabe zudiktieren, kommentierend, reflektierend und mitleidend den Weg des Helden zu begleiten. In der Uniformität repräsentiert der Chor nicht mehr und wird deshalb austauschbar. Das Kollektiv trägt nicht den einzelnen, sondern es dient ihm als Mittel, sein schuldiges Ich im Unisono der Lüge zu verstecken.

Deshalb verwandeln sich auch die vier Bürger problemlos in die Bäume des Waldes von Konradsweiler. So setzen sie das Zeichen ihrer eigenen Verdinglichung. Einer analogen Verfahrensweise hatte sich Shakespeare bedient, allerdings weil die Bühne des Globe-Theaters mit ihren technischen Möglichkeiten hinter seinen Zielen zurückblieb, Menschen statt mythischer Größen, Welt statt kultischer Bezirke darzustellen. Seine Schauspieler, so Dürrenmatt, „mußten improvisieren, eine Stange mit einer Inschrift mußte genügen, einen Baum oder einen Wald darzustellen (...)." „Aber sie wagten sich an den großen Versuch, die Menschenwelt allein durch die Schauspielerei darzustellen" (XXIV, 191). Aus dieser Not Shakespeares, der Geburt des Individuums auf der Bühne nur mit Behelfskonstruktionen nachkommen zu können, macht Dürrenmatt eine Tugend, weil er den Rückfall des Bürgers in den vorindividuellen Zustand versinnlichen will. Shakespeare wird durch zweifache Verfremdung zurückgenommen: Die Bürger spielen avantgardistisches Theater, indem sie zum „Urtheater" (XXIV, 115, 178 f.) zurückkehren.[55]

In Dürrenmatts Dramaturgie steht also eine Anthropologie auf dem Spiel. Eine der funktionslosesten Figuren des Stückes, Gatte VIII, spricht diese Anthropologie in ihrer Weise aus: „Es ist auch gar nichts los, weder mit der Natur noch mit den Bewohnern, alles tiefer, sorgloser Friede, Sattheit, Gemütlichkeit. Keine Größe, keine Tragik. Es fehlt die sittliche Bestimmung einer großen Zeit" (73). Dieser achte Gatte hatte „vor einer halben Stunde" (73) noch die Idylle des Dorfplatzes gefeiert. Sehr schnell ist auch seinem beschränkten Bewußtsein klargeworden, daß das kleinbürgerliche Biedermeier stagniert, und er, der Filmschauspieler, Größe und Tragik vergeblich in einer Gesellschaft sucht, die Helden nur noch aus dem Illusionstheater kennt. Dürrenmatt hat das Ende des Helden in der Kunst zum Programm erhoben: „Die echten Repräsentanten fehlen, und die tragischen Helden sind ohne Namen. Mit einem kleinen Schieber, mit einem Kanzlisten, mit einem Polizisten läßt sich die heutige Welt besser wiedergeben als mit einem Bundesrat." Napoleon war der letzte Held, die letzte Personalisation der Macht. Seither hat sich die Macht progressiv anonymisiert und ins Abstrakte verloren. Die Bürokratisierung der Politik löst die Haupt- und Staatsaktionen ab: „Kreons Sekretäre erledigen den Fall Antigone" (XXIV, 60). Die Machtpolitiker sind zufällige, also ersetzbare Funktionäre, keine tragischen Helden, sondern bestenfalls Weltmetzger. Durch die Technisierung zudem hat sich die Macht verselbständigt und gehorcht ihrer Eigengesetzlichkeit. Ein unüberschaubares Werden hat die geordnete, gestaltete Welt aus den Fugen getrieben. Diese Zerstörung des Anthropozentrismus ist die letzte Folge des aufgeklärten Denkens.[56] Also ergibt sich aus der soziologisch-historischen Analyse für die Bühne, daß es „wirklich ohne jeden" geht und das Kollektiv „die Wurstelei unseres Jahrhunderts" am besten zu spiegeln imstande ist (XXIV, 61 ff.).

Die psychoanalytische Deutung, die sich auch an den Güllenern versucht hat, trifft dann ins Schwarze, wenn sie nicht nur die beiden Eunuchen, sondern die gesamte Stadt als durch die alte Dame kastriert betrachtet. Das Versprechen ewiger Prosperität ist an das Opfer individualisierender Männlichkeit geknüpft.[57] Wollen die Güllener, daß neues Leben aus den Ruinen ihrer Stadt blüht, müssen sie ihre Individualität, also sich selbst opfern; wollen sie sich selbst bewahren, bleibt ihre Stadt eine Totenstadt. Beides zu wollen ist unmöglich. Weil sie es trotzdem wollen, sind sie Narren, freilich nicht in intellektuellem, sondern in moralischem Sinn. Ihr Debakel durchschauen sie wohl.[58] Der Dürrenmattsche Narr hat etwas vom Toren der Bibel, dessen natürliches Licht der Vernunft durchaus begabt ist, zu erkennen, was ihm zum Heile dient, das Heil aber wider besseres Wissen ablehnt. Der Streit um die Güllener, der in der Literatur herrscht, betrifft eben diese Frage des Bewußtseins, denn durch ihre Klärung ist auch die Frage nach der Ursache für das Unheil, das über Güllen kommt, beantwortet. Handeln die Güllener aus Gedankenlosigkeit,[59] ist ihre Schuld eine „fast unbewußte Bagatellschuld"[60], oder verfolgen sie eine ausgeklügelte Strategie der „Alibisierung", die geltende Normen außer Kraft setzt?[61] Sind sie schuldig oder unschuldig?

Aus unseren Vorüberlegungen zur Kollektivierung folgt, daß der Begriff „Schuld" überhaupt unangemessen ist, um das Verhalten der Güllener zu qualifizieren. „In der Wurstelei unseres Jahrhunderts, in diesem Kehraus der weißen Rasse, gibt es keine Schuldigen und auch keine Verantwortlichen mehr." Die Verabschiedung des Helden bringt die Konsequenz mit sich, daß die abendländische Moral, die auf der Verantwortung des Individuums basiert, als Wertsystem insgesamt ihre Gültigkeit verliert: „Wir sind zu kollektiv schuldig, zu kollektiv gebettet in die Sünden unserer Väter und Vorväter (...). Das ist unser Pech, nicht unsere Schuld" (XXIV, 62). Wo das Maß fehlt, fehlt auch der Maßstab, an dem die Figuren gemessen werden könnten.

Sind die Güllener nicht schuldig zu nennen, so sind sie doch nicht blind. Zwar gibt es keinen Entscheidungsmonolog klassischer Art, darf es ihn nicht geben, in dem das Für und Wider von Pflicht und Neigung abgewogen würde;[62] statt dessen findet eine schleichende Unterwanderung der alten Moral statt, die erst im nachhinein, in einem Drama der Bewußtseinsentwicklung, ratifiziert wird. Sie sehen das Abnorme der Normaufhebung deutlichst – in Claire Zachanassian selbst – vor Augen gestellt.

Nur in der Szene, die der Ankunft der Dame vorausgeht, wirken die Güllener komisch wie die Figuren einer komödienhaften Dienstboteneröffnung.[63] Wenn Dürrenmatt verlangt, das Stück „auf die Richtung von Volksstücken hin" (142) zu inszenieren, so betrifft diese Anweisung in erster Linie die erste Szene, denn hier sitzen noch keine Beckettfiguren am Bahnhof und warten auf Godot, sondern Nestroyfiguren, die durch den traditionell komischen Schein-Sein-Kontrast entlarvt werden. Der Einfall, Brahms, Goethe und Berthold Schwarz gleichzeitig als Patrone der Stadt zu berufen, ist eines Nestroy würdig. Nicht minder der, den Gerichtsvollzieher das Stadthaus pfänden zu lassen. Auch die komischen Bemühungen, Organisation gegen Unmittelbarkeit durchsetzen zu wollen, verdanken sich der Situationskomödie. Ebenso ist das Mittel, hohen Besuch mit potemkinschen Dörfern zu beglücken, aus der Komödienliteratur (vgl. *Leonce und Lena*) bekannt.

Mit dem Einbruch der Anarchie aber hat das Versöhnlich-Komische aufgehört zu dauern. Noch ohne Bewußtsein von dem, was er sagt, hat Ill recht: „Schon ein mißglückter Empfang am Bahnhof kann alles verteufeln" (20). Von nun an wird mit dem Entsetzen Spott getrieben: Die Güllener verlieren ihre komische Bewußtlosigkeit. Die spontane, an der alten Moral orientierte Entscheidung für Ill wird mit dem 2. Akt planmäßig und systematisch umgewertet. Wie Gotthelfs Christine zuerst noch in der Meinung, der Pakt mit dem Bösen lasse sich durch Raffinesse umgehen, hat sie der Teufel schon unbedingt. Und deshalb zeigt sich die Dämonie des Kleinbürgerlichen zunächst nicht in der Umwertung der Werte, sondern in der Umwortung der Worte: Ill wird abgewertet und entmoralisiert, die alte Dame legitimiert und aufgewertet, bis der Zentralbegriff der Gerechtigkeit so neu definiert ist, daß die Schuld bei Ill, das Recht bei der alten Dame und den Güllenern liegt.

In dieser Geschichte einer Bewußtseinsverfälschung kommt den Repräsentanten eine repräsentative Funktion zu: Sie artikulieren auf höherem Reflexionsniveau, was alle denken. In den Repräsentanten trifft die Satire das, was sie repräsentieren: die Politik, die Kirche und den Humanismus. Polizist und Bürgermeister argumentieren formaljuristisch: Der eine sieht den Tatbestand der Anstiftung zum Mord nicht erfüllt (vgl. 62), der andere beschwört den „Rechtsstaat" (69). Die Vertreter des Legalismus fälschen unter der Hand Ills Hilfegesuch in „Verleumdung" (71) und „Nihilismus" (69) um. Die Verwaltung („ich als Politiker") repräsentiert also im wörtlichen Sinne das Kollektiv, insofern sie die allgemeine Tabuisierung widerspiegelt. Anders die Kirche: Sie weiß nicht nur, sondern macht aus ihrem Wissen auch keinen Hehl: „Wir sind schwach, Christen und Heiden" (75 f.). Die Vaterunser-Bitte „Führe uns nicht in Versuchung" ist mit der Aufforderung „Flieh!" verbunden, einer Aufforderung, die Ill die Schuld an der Versuchung zuschiebt. Das ist protestantisch gedacht: Die menschliche Natur ist verderbt und aus sich nicht fähig, der Versuchung zu widerstehen. Also bleibt nur der Kunstgriff, den Anlaß der Versuchung zu entfernen, um die Kapitulation der Moral nicht öffentlich machen zu müssen. Die letzte Weisheit des kirchlichen Idealismus heißt: beten und die Seele retten. Reste von Sympathie gesteht der Autor in diesem allzumenschlichen Gehudel nur dem Vertreter des Humanismus zu. Er widersteht mit dem Arzt im Gefolge am längsten dem Bösen. Erst das Faktum, daß die Macht des Geldes universal ist, erschüttert seine Verteidigung der „abendländischen Prinzipien" (88) fundamental. Er nimmt das Ende vorweg („man wird Sie töten, ich weiß es von Anfang an") und zeichnet sich durch die Ehrlichkeit der Selbstanalyse vor den anderen und ihrem globalen Verschweigen aus. Was der andere Idealist, der Pfarrer, nur andeutet („Wir sind schwach"), formuliert er in aller Deutlichkeit: „Ich fühle, wie ich langsam zum Mörder werde. Mein Glaube an die Humanität ist machtlos" (103). Fatal ist nur, daß er zu gerne in einer Tragödie mitgespielt hätte, weshalb er alles darauf anlegt, das Geschehen ins Antike umzufälschen. Das betrifft seine Versuche, Claire zur Nemesis zu stilisieren, wie seine Inanspruchnahme der tragischen Affektenlehre: „Ich bin erschüttert" (35). Als er versteht, daß die Zeit über sein Tragödienbewußtsein hinweggeschritten ist und die Allwirksamkeit des Kapitals Entscheidungsmonologe überflüssig macht, übernimmt er die Führerrolle in der Gruppe der Metzger. Er hält die entscheidende Rede vor der Abstimmung übers Ills Schicksal, die just an der Stelle steht, an der der klassische Held ein letztes Mal vor der Katastrophe monologisiert. Die Wandlung vom Paulus zum Saulus hat also Plausibilität für sich, *weil* die Apostasie vom einen Extrem ins andere verfällt. Nur haben sich die legitimierenden Vokabeln nicht verändert. Auch die Bewußtseinsspitze der dörflichen Hierarchie fügt sich in die Umwertung der Worte. Die „Alibisierung" des Mordes ist deshalb unangreifbar, weil sich keine moralische Gegenposition mehr artikulieren läßt.

Das alles läßt aber eben nicht den Schluß zu, daß die Bewußtheit der Figuren Entscheidungsfähigkeit einschließt. Dürrenmatt warnt vor selbstgerechter Verurteilung: „Zu den Helden treten die Gülllener, Menschen wie wir alle. Sie sind nicht böse zu zeichnen, durchaus nicht (...). Das Verhängnis ist nicht mehr zu umgehen" (143). Das Stück ist „geschrieben von einem, der sich von diesen Leuten durchaus nicht distanziert und der sich nicht so sicher ist, ob er anders handeln würde" (141). „Übersicht" (XXIV, 62) hat durchaus nicht notwendig „Verantwortung" zur Folge.[64] Trotz seiner Übersicht funktioniert der Mensch, wie das Kapital es befiehlt. Die Güllener demonstrieren, daß das überkommene Moralsystem diesem „Verhängnis" nicht gewachsen ist. Deshalb darf der Autor nicht dasselbe Wertsystem zum Standpunkt für ein Urteil nehmen. Dürrenmatt: „Denn der Mensch geht nicht auf wie eine Rechnung, und wo der Mensch so aufgeht, ist die Rechnung sicher gefälscht."[65]

### 3.1.2
### Die Besuchten: Ill

In *Der Mitmacher* hat Dürrenmatt seinen verschiedenen Dramaturgien noch eine „Dramaturgie der Liebe" zugesellt, die eine andere Form der Dramaturgie des Zufalls ist. In dieser – wohlgemerkt utopischen – Dramaturgie überfällt die Liebe den Menschen im Kairos, dem entscheidenden Moment seines Lebens, „im Nu, der sofort wieder vergeht" (XIV, 135). Sie ist die Krise, an der sich entscheidet, ob ein Leben besteht, die „Chance zum Besseren" (XIV, 140) ergreift oder in die Bedeutungslosigkeit zurücksinkt.[66]

Dürrenmatts Figuren verpassen in der Regel diese Chance des rechten Augenblicks und verraten ihn an ein anderes Lebensprinzip, eine Lebensfiktion. Ill verwirkt die Liebe um eines Krämerladens willen. Das, was als einziges ermöglicht, „auszubrechen, ins Freie zu gelangen" (XIV, 140), opfert er in der Entscheidung zwischen Liebe und Geld, gerade weil er wähnt, mit Hilfe des Geldes „auszubrechen, ins Freie zu gelangen". Damit sind die Würfel über dieses Leben gefallen: „Du hast dein Leben gewählt und mich in das meine gezwungen" (49). Aus Ill wird der Dutzendmensch, und Bedeutung muß er sich um den Preis seines Lebens erkaufen. Dutzendware ist auch seine Schuld, die schwangere Geliebte zu verlassen und zum Meineid anzustiften. Der Akt, der aus der Isolation im kümmerlichen Kaff befreien sollte, macht die Isolation perfekt: „Ich lebe in einer Hölle, seitdem du von mir (!) gegangen bist." „Ein verkrachter Krämer in einem verkrachten Städtchen" (39) ist das Ergebnis einer Fehlentscheidung, die dem Zufallsaugenblick der Liebe nicht traut und das Leben am Leitfaden der Kausalität planen will.[67] Die Kausalität seines Alltags hat ihn im Kleinstadtleben gefangengesetzt. „Eine Reise nach Berlin und eine ins Tessin" (38) konnten diesen Horizont nicht sprengen. Die Hölle seines Alltags ist die Familie, die Frau, die sich ihm entzieht, die Kinder, die „ohne Sinn für Ideale" (38) sind, die Familie, die ihm die Armut zum Vorwurf macht, die bis zuletzt nicht wissen will, was ihrem Oberhaupt geschieht und nach außen harmonische Geschlossenheit demonstriert, wo es längst ums „Leben geht" (107).

Ein zweiter Zufall muß eintreten, der Besuch der alten Dame, um Ill aus dieser Monotonie der Familienhölle zu befreien, ihm zu Bewußtsein zu bringen, daß er das Seinige nicht getan hat: „(...) ich weiß nur, daß ich ein sinnloses Leben beende" (117). Die Zeit zwischen diesen beiden Zufällen, zwischen Vorgeschichte und Dramenanfang, die Zeit also, die Ill als „verschmierter windiger Krämer" (102) dahinvegetiert, hat nichts gezeitigt, nichts verändert, keine Entwicklung in Gang gesetzt. Im toten Leben eines fünfundvierzigjährigen Intervalls ist der Krämer auf der Bewußtseinsstufe des Zwanzigjährigen stehengeblieben. Mit der Schuld zu leben war ihm kein Problem. Nicht nur das Verpassen des Liebesmoments, auch dessen Vernichtung hat nichts bewirkt: keine Skrupel und schon gar kein Handeln. Ill ist der „Käuflichste der Käuflichen"[68]. Er hat die Strategie schon zur Perfektion gebracht, die die Güllener erst im Laufe des Stückes entwickeln werden. Er steht im 1. Akt da, wo die Güllener am Ende stehen. Schon sein Name, der doch wohl aus dem Güllens entwickelt ist, zeigt, daß der Krämer die Mentalität des Ortes verkörpert:

Als Ill die Vergangenheit in Gestalt der alten Dame erwartet, antwortet er auf diese Konfrontation mit Geschichtsklitterung, Romantisierung des Liebesaugenblicks und Verschweigen des Trennungsgrundes. Der schwarze Fleck seines Vorlebens verliert sich im glorifizierenden Licht der Erinnerung und die Verantwortung am Verrat im Walten einer anonymen Macht: „Das Leben trennte uns" (18). Im Redensartlichen, im pausenlosen Expektorieren von bedeutungslosen Erinnerungsfetzen fällt das Verschweigen des Wesentlichen nicht auf. Statt dessen inspiriert eine „psychologisch richtig" (20) inszenierte Verführungstaktik. Das Verschweigen der Schuld wird überboten durch eine neue Simulationsstrategie.

Nicht einmal durch den Schock des Überfalls der alten Dame wird Bewußtsein hergestellt oder gar Gewissen geweckt.[69] Im Gegenteil, Ill begeht erneut Verrat am Heiligsten, das er besitzt, seiner Vergangenheit, indem er die Zeit, die Zeit der Schuld, aufheben und den Liebesmoment in den Dienst seiner Taktik stellen will. Immer steht Ill „im Dienst" eines Mächtigeren, jetzt in dem der Stadt und ihrer Repräsentanten, später, wenn sich die Machtverhältnisse verschoben haben, in dem der alten Dame. In der Rolle des Schwerenöters und Verführers vollbringt er beachtliche schauspielerische Leistungen, indem er gegen die Desillusionierung, die der ganze Auftritt Claires schafft, wacker anspielt. Selbst da, wo er sich als Elendsfigur und gescheiterte Existenz präsentiert, also wahr spricht, sagt er ohne Willen die Wahrheit, weil die Larmoyanz Bestandteil seiner Regie ist. Die letzte Perversion erreicht seine Geschichtsverfälschung, wenn er sich selbst zum Opfer und die Trennung von der schwangeren Geliebten als Verzicht um ihres Glückes willen ummünzt (vgl. 37). Aber Ill wird nie Opfer für andere bringen können. Sein erstes echtes Gefühl, seine „Begeisterung" über die Höhe der Finanzspritze Claires, entstammt nicht der Verantwortung für den Ort, sondern der Freude über den Erfolg seiner Taktik. Erst die Bedingung der alten Dame bringt das durch pausenloses Reden sein Verschweigen übertönende Monstrum der Kleinbürgerlichkeit zum Verstummen (vgl. 47). Nun setzt die alte Dame durch ihren Prozeß die Anamnese in Gang. Versuche, auf gleicher, nämlich juristischer Ebene zu entgegnen und Verjährung zu beanspruchen (vgl. 48), auf die Solidarität des Ortes zu vertrauen (vgl. 56) und an die bürgerliche und christliche Gerechtigkeit zu appellieren, scheitern kläglich.

Als einziger unter den Güllenern durchgängig mit einem Namen versehen, muß ihm aber etwas eignen, das ihn über die Kommune zur Individualität hinauswachsen läßt. Was diese Individualität ausmacht, ist die Frage, von der die Bewertung seiner Funktion und des Dramenverlaufs überhaupt abhängt. Mit der Nachbemerkung Dürrenmatts ist Ill als „Held" klassifiziert worden: „Ist Claire Zachanassian unbewegt, eine Heldin, von Anfang an, wird ihr Geliebter erst zum Helden" (143). Aus dem Prädikat „Held", das von Dürrenmatt auch formal, im Hinblick auf die dramatische Funktion Ills gebraucht sein könnte, wird dann in der Literatur „*a tragic hero in the classic sense*", der durch seinen Tod die Wertwelt wiederherstellt, die er zerstört hat. Andere schreiben Ill die Demut zu, „das Geschick, das er nicht abzuwenden vermag, (...) willig auf sich zu nehmen", und rücken Ill in nächste Nähe der Schillerschen Helden, deren Freiheitsakt darin besteht, das Schicksal in den Willen aufzunehmen.[70] Diese explizit oder implizit idealistischen Interpretationen werden meist gestützt durch Dürrenmatts eigene Theorie vom mutigen Menschen.[71] In seiner Komödientheorie (die allerdings dem *Besuch* zeitlich vorausliegt) hatte Dürrenmatt dem entindividualisierten Menschen der Moderne noch einen Fluchtraum der Individualisierung offengelassen:

> „Es liegt der Schluß nahe, die Komödie sei der Ausdruck der Verzweiflung, doch ist dieser Schluß nicht zwingend. (...) Es ist immer noch möglich, den mutigen Menschen zu zeigen. Dies ist denn auch eines meiner Hauptanliegen. Der Blinde, Romulus, Übelohe, Akki sind mutige Menschen. Die verlorene Weltordnung wird in ihrer Brust wieder hergestellt (...)" (XXIV, 63)

Überhöht wird diese moralisierende Deutung schließlich noch durch eine christliche, in der Ills Tod zum Sühnetod umgemünzt wird und, weil er dem Tod Christi analog verläuft, soteriologische Qualität haben soll.[72]

Ob unsere Überlegungen zum Schuldproblem richtig waren, entscheidet sich an der Frage, ob Dürrenmatt tatsächlich in die Tragikomödie um die Güllener eine idealistische Tragödie um Ill integriert hat und diese mit seiner Interpretation der Helden seiner frühen Dramen vergleichbar ist. Zunächst: Ill ist kein Jedermann,[73] sondern gewinnt durch seine Erfahrungen an Größe, die ihn vom Kollektiv abhebt:

> „(...) ein gedankenloses Mannsbild, ein einfacher Mann, dem langsam etwas aufgeht, durch Furcht, durch Entsetzen, etwas höchst Persönliches; an sich erlebt er die Gerechtigkeit, weil er seine Schuld erkennt, er wird groß durch sein Sterben (sein Tod ermangle nicht einer gewissen Monumentalität)" (143)

Dürrenmatt selbst findet also das individualisierende Moment, das „höchst Persönliche" im Erlebnis, das Bewußtwerdung bedeutet. Ob diese aber auch „Durchbruch zu einer moralischen Persönlichkeit", ja „Sühne der alten Schuld" mit sich bringt, muß schon bezweifelt werden. Denn „das herkömmliche Spiel von Schuld und Sühne", so Hans Mayer, wird durch die „ungeheuerliche Konstellation in der Beziehung zwischen der alten Dame und der Stadt Güllen"[74] entwirklicht. Auch Ill ist dem Mechanismus unterworfen, den Claire Zachanassian ins Werk gesetzt hat: Der Sühne wird „durch die a posteriori-Nötigung einer erkauften Gerechtigkeit sozusagen auf die Sprünge geholfen".[75] Von der Schillerschen Nemesis kann im *Besuch* nur metaphorisch die Rede sein; denn Schillers Theorie vom erhabenen Tod setzt eine teleologisch orientierte Weltordnung voraus. Der erhabene Charakter kann nur in einer erhabenen Ordnung gedeihen. Die Monstrosität des geschichtlichen Räderwerks aber wirft Schatten auch auf sein Opfer. Tatsächlich geht es Ill ja wie der Maus in Kafkas kleiner Fabel. Vor sich die Falle, hinter sich die Katze, ist er jeder sinnvollen Entscheidung enthoben, da alle Entscheidungen zum gleichen Ende führen. Deshalb läuft er auch zunächst Amok, auf der Suche nach einem Schlupfloch. Es gibt keine direkte Kausalität zwischen der Einsicht in seine Schuld und der Akzeptierung des Todes. Seine „Entscheidung", nicht mehr zu kämpfen, ist zwar ein Erfolg seiner Einsicht, jedoch kein Akt der Freiheit, sondern der Verzweiflung: „Ich kann mir nicht mehr helfen" (103). Vom mutigen Menschen bleibt da nicht mehr viel übrig.

Schon gar nicht ist Ill Ideenträger. Er beansprucht zwar die Idee der Gerechtigkeit für sich („Ich unterwerfe mich eurem Urteil, wie es nun auch ausfalle. Für mich ist es die Gerechtigkeit, was es für euch ist, weiß ich nicht", 109), aber diese Idee ist nicht die seine, sondern ist vermittelt, ja oktroyiert. Die Idee der Gerechtigkeit erwächst nicht auf dem Boden Güllens, sondern wird von außen in den geschlossenen Raum der Schuld hineingebracht. Und die sie bringt, die „Erzhure", ist nun eben auch nicht gerade ein Ideenträger.[76] Ihr Mittel ist die Habgier der Mitbürger, und das bedeutet eine letzte Pervertierung der Gerechtigkeit. Nirgends kommt Ills eigene innere Ordnung zu Wort, die ihn die fremde Ordnung Claires akzeptieren hieße. Die Entscheidung Ills fällt in der Klausur des Oberstübchens seines Ladens. Dort ist er von Wand zu Wand gelaufen und erscheint wieder als ein anderer, gefaßt und überlegen. Die Klausur ersetzt den klassischen Entscheidungsmonolog; eine Diskussion der Gerechtigkeit findet nicht statt. Deshalb sind auch die Motive Ills ins Schweigen zurückgenommen. Ein Held, der sein Inneres nicht entäußert, ist kein Held mehr. Das Ziel der Tragödie, den Zuschauer in die Katharsis mit einzubeziehen, kann nicht erreicht werden. Den tragischen Helden begleitet das Bewußtsein in den Tod, daß seiner Idee eine utopische Finalität innewohnt. Über den Tod Ills aber führt nichts hinaus, er ist ein bloßes Verenden. Der geschwätzige, selbstgefällige, dumm-dreiste Ill des 1. Aktes ist im 3. Akt in das Gefängnis seines Ichs gebannt. Ihm fehlt das Pathos, die Antwort des großen einzelnen auf die Erhabenheit der Idee. In seinem letzten Wort lediglich befreit sich sein Inneres vom Druck des Schweigens, ohne sich zu verraten.

Seinen stillen Tod übertönt der Triumphgesang derer, die nichts gelernt haben, weil der Held es verschwiegen hat. Damit ist auch die Frage entschieden, wofür oder für wen dieser Tod geschieht. Ihm eine soteriologische Qualität zu unterstellen ist ohne Sinn. Ill ist kein Mittler und kein Erlöser. Sein Tod sühnt und erlöst die Güllener nicht vom Bösen, sondern „allenfalls vom materiellen Übel"[77], oder besser: *zum* materiellen Übel, denn der ermöglicht die Universalisierung der Korruption.[78] Also ist Ills Tod weder „persönliche Leistung" noch „religiöse Tat" (XXIV, 62), die das Chaos der Welt hinter sich lassen könnte – so Dürrenmatts Kriterien für den mutigen Menschen –, sondern deren Gegenteil, Instrument im Dienst am Chaos. Wenn also Dürrenmatt den Tod Ills als „sinnvoll und sinnlos zugleich" charakterisiert, muß der Akzent auf der Sinnlosigkeit liegen: „Sinnvoll allein wäre er im mythischen Reich einer antiken Polis, nun spielt sich die Geschichte in Güllen ab" (143). Aus dieser Bemerkung erhellt auch die Funktion des Schweigens: Dem Vorhaben der Güllener, Ill in aller Öffentlichkeit, aber ohne daß es einer merkt, zu richten, begegnet Ill seinerseits mit dem Kalkül seines Schweigens. Indem er die Güllener mit ihren eigenen Mitteln schlägt, setzt er sie den Konsequenzen ihrer Tat aus. Indem er den Tod schweigend an sich geschehen läßt, läßt er die Stadt die Hölle durchleben, die er selbst durchlebt hat. Weil er die Zukunft kennt, entzieht er sich der Verantwortung für die Kommune, die der Sühne einer moralischen Persönlichkeit eignen müßte. Ill handelt nicht nur privatistisch,[79] sondern reißt seine Welt mit in den Untergang. Das *ius talionis,* das Vergeltungsrecht des Alten Testaments, das die alte Dame in diese Welt zurückgebracht hatte, feiert noch in der Todesbereitschaft Ills seinen makabren Triumph: „Noch weiß ich, daß auch zu uns einmal eine alte Dame kommen wird, eines Tages, und daß dann mit uns geschehen wird, was nun mit Ill geschieht (...)" (103).

## 3.2.1
### Die Besucher: Claire Zachanassians Begleitung

Die Personengruppen der Besuchten und der Besucher sind in Anordnung und Funktion symmetrisch arrangiert. Auch die Ankömmlinge sind, Claire Zachanassian ausgenommen, depersonalisiert, entweder nur durch ihre Funktion gekennzeichnet, bloß numerisch aufgelistet oder mit Pseudonymen belegt. „Die Numerierung schwankt" (138), und ebenso besagt der Reim (Toby, Roby, Koby, Loby, Moby, Hoby, Zoby), daß Gatten und Diener auswechselbar sind. Dürrenmatt läßt die Gatten vom selben Schauspieler darstellen (vgl. 58). Koby und Loby sind im wörtlichen, alle anderen im übertragenen Sinne entmannt wie die Güllener. Was den Güllenern am Anfang bevorsteht, ist mit ihnen schon geschehen: willenlose, gekaufte Marionetten der Milliardärin zu sein. Sind die Güllener die zukünftige Beute Claires, repräsentieren Koby, Loby und der Butler, der ehemalige Richter also und die beiden falschen Zeugen, die durch Geld eingeholte Vergangenheit, die Gatten und die *body guards* die gekaufte Gegenwart. Ihr Ensemble vertritt die Universalität der Geldethik und der Instrumentalisierung des Menschen.

Der Auftritt dieses Geschwaders muß zunächst als etwas Abnormes erscheinen, dem sich die Güllener anverwandeln. Mit aller exotischen und grotesken Kraßheit bricht es in die Normalität ein und hebt die Norm auf.[80] „Orlando Furioso", der rasende Roland, hat sie in die scheinbare Vernunftordnung des Städtchens gebracht – im Gefolge einer *dea ex machina*[81], im Gepäck den Panther und den Sarg. So pflegten Korybanten, die Rotte des Dionysos und der Großen Mutter, rasend in die Normalität einzufallen und alles in die Anarchie hineinzuziehen. Sie schweifen durch das Örtchen und machen Jagd nicht nur auf Fräulein Luise. Der Rausch löst ihre Individualität auf; unterschiedslos sind Mörder, Meineidige und Richter, Trottel und Nobelpreisträger am Ausverkauf der Werte beteiligt. Wer ihnen widersteht, ist ihr

Opfer. Sie holen am Ende die sterblichen Überreste Ills ein und verschwinden, wie sie gekommen sind, hinter sich die Spur der Anarchie. Willenlos schließen sich die Güllener der Prozession des Sarges an (vgl. 31).[82] Nur ist die bewußtlose Naivität ihres Verbrechertums den Güllenern unzugänglich und wird ihr Leiden am Verbrechen ausmachen. Sex, Musik (die Guitarre ist das stehende Attribut des Mörders Roby), Infantilismus (die beiden Hänflinge), Geld und Tod bestimmen die Dynamik des animalischen Schwarms. Er besitzt eine Grazie, die Unschuld von Mördern, die in ihrer Bewußtlosigkeit mit sich in Harmonie stehen.

### 3.2.2
### Die Besucher: Claire Zachanassian

„Als Dame von Welt, mit einer seltsamen Grazie, trotz allem Grotesken," (22) entsteigt Claire Zachanassian der Maschine. Eine gespenstisch aufgedonnerte, mit Schmuck überladene, rothaarige, fette Alte so zu titulieren gibt nur dann Sinn, wenn diese Erscheinung auf die Verwirrung der Begriffe hin angelegt ist. Zur Grazie tritt nämlich das Groteske hinzu, jener Dürrenmatt-Begriff, der im Stück nur hier und nur für die alte Dame verwandt wird und dessen theoretische Bedeutung noch geklärt werden muß. Zunächst ist festzuhalten, daß Claire Zachanassian aus einem Sammelsurium sich ausschließender Gegensätze zusammengesetzt ist. Dürrenmatt genießt es offensichtlich, sie als einzige der Figuren mit einer Personenbeschreibung und dazu einer von ausgesuchter Abnormität auszustatten. Ihre Erscheinung ist ihr Wesen. Sie ist nicht, sie hat.[83] Sie ist, ironisch gesprochen, der einzige „Held" (143) des Stückes. Alle anderen, allen voran der jämmerliche Ill, verblassen angesichts dieses grellen Phänomens.

Ihre Ankunft ist eine Heimsuchung, eine Umkehr des Advents. Die Ankunft setzt die Kategorien, die Ordnungsbegriffe des Verstandes, wie die Anschauungsformen außer Kraft. Deshalb kommen ihr die Begriffe nicht bei. In besonderer Weise ist diese Ankunft mit der Aufhebung von Raum, Zeit und Kausalität verknüpft. Die Dame von Welt ist mondän im eigentlichen Wortsinn, nicht allein kosmopolitisch, sondern Frau Welt,[84] das gleißend-verführerische, doch verfault-verderbte Weib. Aus der Raumlosigkeit, einem nicht-definierten Weltzustand, dringt sie ins Umgrenzte ein. Die Zeit aufzuheben ist ihr Programm (vgl. 49). Vor ihren Augen sind 45 Jahre wie ein Tag. Sie hält weder den Fahrplan ein noch die Konvention, daß Vergangenes als verjährt gilt (vgl. 48). Das Vergangene ist ihr gegenwärtig, und sie hat allen Besuchten voraus zu wissen, was die Zukunft bringen wird. Deshalb ist sie, obwohl nach Güllener Zeit gemessen 62 Jahre alt, alterslos, ja „nicht umzubringen" (28). Der Raum- und Zeitlosigkeit gehört die Unberührtheit durch das Gesetz der Kausalität, das Raum- und Zeiterfahrung erst möglich macht, notwendig hinzu. Von allen erwartet, aber dennoch unerwartet, zerstört sie die Naturgesetze Güllens und beginnt, ihre eigene Kausalreihe zu setzen.

Ihre Karriere zum allmächtigen Wesen hat nichtsdestotrotz in Raum und Zeit, 45 Jahre vor der Zeitrechnung des Zuschauers, in Güllen begonnen. Heute heißt sie Claire Zachanassian und zieht in diesem Anagramm die Räume der Welt zusammen: den französischen, den armenischen und britischen (Gulbenkian), den griechischen (Onassis, Zachanoff). Ehedem, in der Welt der Kleinbürger, hieß die jetzige Weltbürgerin Kläri Wäscher, ein Name, der an Entsühnungsriten erinnert.[85] Ihr ganzes Vorleben entstammt einer anderen Welt, der Welt des bürgerlichen Trauerspiels. Kläri Wäscher hat unter den gesellschaftlichen Spielregeln gelitten wie die Klara Hebbels,[86] hat sich dem Mann hingegeben vor der Ehe, die Schande durchlebt, ist vom Mann verraten worden, mußte ihr Kind weggeben und wird Hure – ein Magdalenenschicksal, wie es im Buche steht. Was einer gefallenen Bürgerin des 19. Jahrhunderts verwehrt blieb, gelingt ihr wider alle gesellschaftliche und dramatische Wahrscheinlichkeit, nämlich einen „alten, goldenen Maikäfer" (37) ins Netz zu locken. Dies Gelingen ist nicht ihr Verdienst, sondern das des Zufalls, der alles ins Werk setzt.

Das bürgerliche Trauerspiel gehört also zu ihren überwundenen, dem Stück vorausliegenden Möglichkeiten. Mit ihr ist auch ihre Gefühlswelt, die mit den gesellschaftlichen Konventionen kollidierte, passé. Ihre Persönlichkeitsmetamorphose hat die unmittelbare, liebende und leidende Maria Magdalena als ihre andere Möglichkeit verabschiedet. Nur als „Erinnerung" (87) lebt der „Jugendtraum" fort (42). Die Passion hat alle menschlichen Züge ihres Wesens vernichtet. Claire Zachanassian verkörpert extrahumane Seinsschichten, die des Göttlichen ebenso wie die des Animalischen und Anorganischen.

Als Kläri hieß sie „Wildkätzchen" (26). Von dem ist nur noch die Kralle übriggeblieben. Aus dem Kätzchen wurde die Raubkatze ihres Gefolges. Zum anderen sind die Glieder ihrer vormals menschlichen Substanz durch Fragmente der Technik ersetzt. Ihre Sänfte und ihre gesamte Bagage dienen ihr als prothetische Verlängerung der eigenen entmenschten Person. Die Integration des Tierischen und Anorganischen beeinträchtigt ihre dämonische Natur nicht, sondern steigert noch ihre Hexenhaftigkeit (vgl. 39). Deshalb ist ihr Phänotyp auch geschlechtlich nicht eindeutig bestimmbar. Ihre imperatorische Geste nicht nur, ihr androides[87] Gebaren, sondern auch ihr Zigarrenkonsum rücken ihre Weiblichkeit in ein zweifelhaftes Licht. Mit anderen literarischen Frauenfiguren ist sie kaum vergleichbar. Die furiosen Weiber des Sturm und Drang, die *femmes fatales* der Dekadenzliteratur, die Lulus, Delilas und Judiths, auch Dürrenmatts eigene Frauenfiguren (z. B. Anastasia) sind nur Vorübungen im Hinblick auf diese Aufgipfelung des menschlich Unmöglichen. Claire ist wie alle anderen Figuren des Stücks keine individuelle Gestalt, nur aus dem entgegengesetzten Grund: Den anderen mangelt es an Substanz, sie ist ein Ensemble weltumfassender Bedeutungen und deshalb „Heldin".

Sie heißt grotesk im eigentlichen und ursprünglichen Sinne, weil sie in sich das Disparate und Heterogene der Seinsbereiche vereinigt,[88] die das Grauen provozieren. Deshalb warnt Dürrenmatt davor, seine Hauptfigur als Allegorie zu vereindeutigen: „Claire Zachanassian stellt weder die Gerechtigkeit dar noch den Marshallplan oder gar die Apokalypse" (142). Eindeutig an ihr ist nur, daß sie sich „außerhalb der menschlichen Ordnung bewegt" und so „etwas Unabänderliches, Starres geworden" ist, „ohne Entwicklung mehr, es sei denn die, zu versteinern, ein Götzenbild zu werden" (143). Wenn Dürrenmatt ihr „Humor" zuschreibt, dann nur in einem analogen Sinn des Wortes, weil das menschliche Wort dem außer der Ordnung Stehenden nicht gewachsen ist. Die Distanz, die die alte Dame zur Welt einnimmt, ist so absolut, daß die Versöhnlichkeit des Humors von vornherein ausgeschlossen ist. Die Distanz erst schafft das makabre Spiel mit dem allumfassenden Zynismus.

Die vergangene Gefühlswelt der bürgerlichen Heldin ist einem barbarischen Neutralismus gegenüber dem Organischen gewichen. Die alte Dame spielt nicht nur mit den Güllenern und ihrem Gefolge, sondern auch mit den Fragmenten ihres Körpers, ihrer Erinnerungs- und Gefühlswelt und mit dem Tod ihrer Lieben. Das Menschliche und Allzumenschliche, echte und unechte Gefühle der anderen entnerven an ihrer unmenschlichen Gelassenheit. In ihren Ironien, die die Illusionen der Güllener enttäuschen, antizipiert sie das Ende. Ihr Kalkül will eine „Arbeitshypothese Mensch"[89] verifizieren. Als Spielleiterin verfügt die alte Dame über einen Katalysator,[90] ihre Milliarde, die wie im Reagenzglas spezifische Reaktionen hervorruft.

Aus alldem folgt, daß der Zuschauer ihr keine Inhumanität vorwerfen, schon gar nicht in ihr eine Verkörperung des „Urbösen"[91] erblicken darf. Ihre Delikte: Persönlichkeitsverachtung, erotische Freizügigkeit, Anstiftung zum Mord können ihr nicht angelastet werden, weil sie außerhalb steht und ihre „Delikte" Bestandteil ihrer Dramaturgie sind. Technik ist nicht nur Element ihres Körpers, sondern bestimmt vor allem ihre Funktion. Als dramatisches „Agens"[92] vertritt sie den Autor. Sie muß unter ästhetischen Gesichtspunkten betrachtet werden. –

Ordnet man die Figurenkonstellation abschließend nach ihrem Verhältnis zu den Zeitekstasen, ergibt sich ein theatergeschichtliches Muster, das Dürrenmatts tragische Komödie zwischen bürgerlichem Trauerspiel und absurdem Theater ansiedelt:

|  | *Vorgeschichte* Bürgerliches Trauerspiel | *Dramengegenwart* Tragische Komödie | *Zukunftserwartung* Absurdes Theater |
|---|---|---|---|
| Claire Zachanassian | gefallenes Mädchen | grotesker Katalysator | – |
| Ill | treuloser Geliebter | Versuchsopfer | – |
| Güllen | korrupte Gesellschaft | Versuchsobjekte | ewig Schuldige |

# 4
## Mythologische Muster und ihre Funktion

Es ist kaum zu übersehen, daß das Plakat am Güllener Bahnhof nicht von ungefähr den Besuch der Passionsspiele von Oberammergau (vgl. 80) empfiehlt, und Claires Hochzeitsmusik ist, nicht wenig paradox, der Matthäuspassion entnommen (vgl. 87). Dürrenmatt hat Ills Tod dem Tod auf Golgotha nachgebildet. Diese Christusimitation setzt mit dem 2. Akt ein: Die Jünger, will heißen die Güllener, verlassen Ill, der von nun an zu den Übeltätern gezählt (vgl. Mk. 15, 28), verschmäht und verachtet wird wie der Gottesknecht des Deuterojesaja. Das Kollektiv teilt sich in die Rolle des Judas. Seit seinem gescheiterten Fluchtversuch weiß Ill, daß einer von ihnen ihn verraten wird (vgl. 83 f. mit Mt. 26, 21). Nur weiß er noch nicht, daß die Perfidie seiner Exekution darin beruht, daß alle, und damit keiner, ihn verraten (vgl. 117). In seiner Wohnung durchlebt Ill sein Gethsemane (vgl. 109), während seine Vertrauten „schlafen" und ihn verleugnen. Seinem Petrus, der das Schwert der Verteidigung ziehen will (vgl. Io. 18, 10), dem Lehrer, verbietet er, seinen Frieden mit dem Geschick zu stören. Die Theatersaalszene führt die Gerichtsszene vor dem Hohenpriester und vor Pilatus wieder auf. Der „Volkszorn" (93) entlädt sich in einem einstimmigen *„crucifige"*. Die Kriegsknechte treiben mit dem Dulder ihren Spott („Steh auf, du Schwein", 129). Die Rolle der weinenden, den Kreuzweg begleitenden Frauen übernimmt der Pfarrer (vgl. Lk. 23, 28), dem Ill ans Herz legt: „Beten Sie für Güllen" (128). Denn die Tage dieser Menschen werden schrecklicher sein als ihre früheren. Schließlich wird Ills Grab „bei den Reichen" sein (Mt. 27, 57–60), in Claire Zachanassians Mausoleum auf Capri.[93] Sollten noch Zweifel bestehen, räumt die der Maler aus, der offensichtlich ausschließlich zu diesem Zweck eingeführt wird. Er malt, als Ill seine Gottverlassenheit durchlebt, „einen Christus" (95).

Der Christusmaler aber hindert den Lehrer, zugunsten Ills zu intervenieren: „Du willst mir wohl meine künstlerische Chance zerstören! Einen Christus habe ich gemalt, einen Christus" (99)! Wie er hat der Revolutionsmaler David die letzten Zuckungen der Hingerichteten ins Bild zu bannen versucht. Nicht nur diese

Szene, in der Christus ästhetizistisch vermarktet wird, spricht dafür, daß Dürrenmatt die gesamte Christusimitation im Sinne der Marktgesetze Güllens funktionalisiert. Auch die Hoheratsszene spielt ja auf dem Dorftheater. Das Mysterienspiel des Bergdorfes ist wie das von Oberammergau zum Kassenschlager geworden. Doch geht es Dürrenmatt auch nicht darum, dem Güllener Kommerz die jesuanische Einfachheit und Armut zu konfrontieren. Es gibt keine Texthinweise dafür, Ills Sünde und Wandlung nach der Adam-Christus-Typologie des Paulus zu interpretieren.[94] Es fehlt jeder Hinweis darauf, daß Ill den Urmenschen Adam, also den Menschen überhaupt, durch seine Passion in den Urstand der Gnade zurückversetzt.[95] Im Gegenteil: Wie wir gesehen haben, nimmt das Racheopfer seinerseits Rache und führt auf eine dem Christentum vorausliegende Kulturstufe des Vergeltungsrechtes zurück. Die christologischen Anspielungen des Stückes sind mehr als Parodie (die immer auch Züge des Parodierten bewahrt), nämlich Annullierung der christlichen Botschaft.

Das Vergeltungsrecht aber ist das Recht der alten Dame. Es überdauert und zeugt sich fort von Geschlecht zu Geschlecht: „Die Welt machte mich zu einer Hure, nun mache ich sie zu einem Bordell" (91). Der Chiasmus der Formulierung zeigt, wie Untat und Rache ineinandergreifen und zyklisch die Zukunft bestimmen. Claire Zachanassian erscheint wie eine alttestamentarische Gottheit, die von sich sagen kann, daß die Rache ihr gehört (vgl. Dt. 32, 35). Die falschen Zeugen im Vaterschaftsprozeß werden kastriert, die, die Claires Leben in der Gemeinschaft unmöglich gemacht haben, werden dieser Gemeinschaft enthoben; die, die ihr Leben als Frau zerstört haben, werden als Männer vernichtet; die, die wußten und wissend die Unwahrheit sagten, werden geblendet. Ill muß sterben; denn Ausrottung (vgl. 125) ist der Schlüsselbegriff der israelitischen Sexualgesetzgebung.

Dürrenmatt führt den Zuschauer zurück in die Geschichte des sich entwickelnden moralischen Bewußtseins, um zu demonstrieren, daß menschliche Verhaltensweisen archaisch geblieben und hinter der Intellektualität zurückgeblieben sind. Man mag sich hierbei an seine *Physiker* erinnern, die zeigen, daß die sprunghafte Entwicklung der Technologie der ethischen Evolution unaufholbar voraus ist. Als Dürrenmatt diese beiden Stücke schrieb, war die Anthropologie gerade dabei, von der Fortschrittseuphorie des wissenschaftlichen Jahrhunderts Abschied zu nehmen und die äffischen Verhaltensmuster in der Moral zu entdecken. Es ist deshalb wohl unsinnig, Dürrenmatt zu schelten, weil er archaische Denk- und Kunstmodelle in sein Drama integriert hat. Dürrenmatt deckt die animalischen Strukturen im Verhalten des kapitalistischen Alltagsmenschen auf, die das Christentum nur übertüncht hat, und scheut sich schließlich nicht – was in den Fünfzigern, die nach dem moralischen Zusammenbruch noch einmal eine Wertorientierung im Humanismus zu finden versuchten, ein Wagnis war –, auch die Normen der griechischen Antike auf ihre Tragfähigkeit hin zu überprüfen. Er wählt vor allem die Mythen, die vorklassisches Denken repräsentieren.

Im Mythos zahlreicher Völker des Orients und des Mittelmeerraums ist die Große Mutter die zentrale Gottheit, zugleich Verkörperung der Erdfruchtbarkeit wie Todesgöttin. Als Kybele etwa fährt sie mit einem Löwengespann über Land, begleitet von einem Korybantenschwarm, der in enthusiastischer Orgiastik alle mit sich reißt. Männer haben ihr gegenüber keine Chance: Sie treibt sie in die Raserei oder zur Selbstkastration. Die alte Dame ist die Große Mutter,[96] reduziert auf die Nachtseite ihres Wesens – davon zeugt ihr oben beschriebenes Gefolge.

Der literatur- und mythenkundige Lehrer benennt drei weitere antike Frauengestalten als Muster der numinosen Dame: die Moira Klotho, Medea und Lais (vgl. 90). Als Moira (römisch: Parze) verkörpert sie die oberste Schicksalsinstanz des archaischen Glaubens. Klotho ist die Moira, die den Lebensfaden spinnt. Sinnvoller hätte sie Atropos genannt werden müssen: die, die den Lebensfaden abschneidet. Der Lehrer tut es nicht, weil ihm der rhetorische Schmuck, die Alliteration („Sollte Klotho heißen, nicht Claire", 34), bedeutsamer ist als das Gemeinte. Lais (vgl. 34) ist die Große Mutter in Hetärengestalt, vergleichbar der „Erzhure" (102), die der Lehrer später beruft. Auch Medea ist letztlich eine Todesgöttin; einigen Tradenten entsprechend schützt sie den Eingang zur Unterwelt, beherrscht, mit Persephone identisch, das Reich der Schatten und ist mit unterirdischen, bluttriefenden Kulten verbunden. Eine der urtümlichsten Frauen des griechischen Mythos, ist sie als große Liebende und Helferin des Jason ebenso eindrücklich bekannt wie als Betrogene, die gräßlich Rache übt:

Bei Euripides tötet sie ihre eigenen Kinder, um sich am treulosen und undankbaren Jason zu rächen.

Nicht nur die ausdrücklich benannten Assoziationen weisen Frau Zachanassian einen mythischen Topos an. Als *mixtum compositum* ist sie auch mythisches Tier. Eine allwissende Sphinx, belagert sie die Stadt und führt sie in den Ruin, welche Bedrohung nur ein Ödipous abwenden könnte. Die Klage der Dramenexposition über das verrottete und darbende Güllen entspricht exakt der Parodos des *Ödipous,* dem Einzugslied der thebanischen Alten über die verpestete Stadt. Der eigentliche ödipale Komplex geht aber – sieht man von Kastration und Blendung der beiden falschen Zeugen ab – auf Ill über, womit die gesamte Struktur des Stückes wie das der *Physiker* am *Ödipous* orientiert ist. Auch das hat schon Güllens Lehrer erkannt: „Das Verhängnis ist bedenklich gediehen! Wie beim Ödipus: angeschwollen wie eine Kröte" (99)! Rufen wir uns kurz die analytische Fabel ins Gedächtnis: Eine Seuche sucht Theben heim, die nach Auskunft des Orakels erst weichen wird, wenn der Mörder von Ödipous' Amtsvorgänger, Laios, gefunden ist. Der blinde Seher Teiresias bezichtigt Ödipous des Mordes; aber seine Wahrheit ist zu ungeheuerlich, als daß ihr jetzt schon Glauben geschenkt werden könnte. Ein Indizienprozeß setzt ein: Nach einem anderen Orakelspruch sollte Laios durch seinen Sohn ermordet werden und der Sohn die Mutter heiraten. Schon scheint Ödipous als Mörder entlarvt zu sein. Aber Laios ließ seinen Sohn aussetzen und wurde selbst von einer Räuberbande getötet. Ein Bote enthüllt sodann, daß Ödipous ein Findling ist. Der König ist beruhigt, während seine Frau Iokaste aus den Umständen der Rettung des Findlings erkennt, daß ihr Mann der von ihr ausgesetzte Sohn ist. Der Hirte, der Ödipous aussetzte, war auch Augenzeuge des Kampfes zwischen Ödipous und Laios. Der, der die Aufklärung des Falles betrieben hat, spricht sich selbst das Urteil. Der jetzt sehende Ödipous blendet und verbannt sich und befreit die Stadt vom Fluch. Der Indizienprozeß ist ein Prozeß gegen das eigene Ich und seine Verblendung. Die Rechtsfindung steht im Dienst des apollinischen Gebotes der Selbsterkenntnis. Durch die kriminalistische Analyse ist der Blinde des Anfangs am Ende der Sehende. Ill jedoch klärt sich nicht selbst auf, sondern ihm wird der Prozeß gemacht. Ziel des sophokleischen Prozesses ist das Heil der Stadt, das der alten Dame die Apokalypse: Individuum und Kollektiv stehen in einem Wechselverhältnis. Zu Beginn dominiert Ödipous, und Theben ist verseucht, am Ende muß Ödipous das entsühnte Gemeinwesen verlassen. Der scheinbar Situationsmächtige (Ödipous steht auf dem Gipfel seiner Macht; Ill glaubt, Claire „im Sack" zu haben) wird durch eine Serie von Beruhigungs- und Fluchtversuchen hindurch so mit seinem Ich konfrontiert, daß er der Wahrheit nicht mehr entgehen kann: Im einen Fall stellt das Schicksal die bedrohte Ordnung wieder her, im anderen muß ein Wesen von außermenschlichen Dimensionen eingreifen, dem freilich an der moralischen Ordnung nichts mehr gelegen ist. Im Ödipousschicksal Ills ist die Bewußtseinsgeschichte, die Dürrenmatt zeigen will, aufgehoben: Am Anfang steht das erwachende Ich-Bewußtsein des sophokleischen Ödipous, am Ende das universale Marktgesetz, das dem Ich den Untergang bereitet.[97]

Ort der Reaktivierung des Mythos ist nicht das Dionysostheater, sondern die Kleinstadtbühne. „Im mythischen Reich einer antiken Polis" (143) verkündet am Ende der Tragödie der Kommos, der Trauergesang über das erfahrene Leid, daß Leiden nicht sinnlos, sondern in eine für den Menschen freilich nicht definierbare Ordnung integriert ist. Dürrenmatts tragische Komödie potenziert die Katastrophe der Tragödie, indem sie das erste Epeisodion des Chores aus der sophokleischen *Antigone* ins Ritual des Chorfinales verzerrt. Die Verhältnisse der griechischen Tragödie scheinen auf den Kopf gestellt: Leiden am Anfang, „Apotheose" (131) am Schluß. Wo Sophokles die ungeheuerlichen Möglichkeiten des Menschen auch in seinen Verfehlungen besingt, kennt der Chor der Güllener nur das Ungeheuer der Armut. Beschwört Sophokles die Gefahren, die sich durch Fortschritt und technische Naturbearbeitung ergeben, feiert der Doppelchor der Güllener die zweite Natur des Kapitalismus und der Naturausbeutung. Wo Sophokles die Grenzen der Menschheit, Tod und Leiden, dem Fortschritt entgegensetzt, triumphiert im Lied der Güllener das Schweigen über den Tod. Ahnt der Chor der Thebaner das Ungeheuerliche der Naturrechtsverletzung, haben die Güllener das Rechtsbewußtsein geopfert.[98]

Keineswegs deutet die Zeile des Lehrers im Schlußgesang, „Lernbegierig lernen die Lernbegierigen" (133), eine „neue Doktrin"⁹⁹ an. Es singt der, der gerade die abendländische Bildungsdoktrin ohne Ersatz über Bord geworfen hat. Der Gesang klingt, „als gäbe ein havariertes Schiff, weit abgetrieben, die letzten Signale" (132). So wird hier eine „Komödie abendländischer Werte"¹⁰⁰ ans trostlose Ende geführt, in das Christentum und Griechentum gleicherweise verflochten sind. Deshalb ist der Doppelchor, der den „Kehraus der weißen Rasse" (XXIV, 62) besingt, auch ein Requiem auf den Schlußchor der Matthäuspassion: „Wir setzen uns mit Tränen nieder und rufen dir im Grabe zu: ‚Ruhe wohl, gute Ruh'."

# 5
# Raum und Zeit

Dürrenmatt entfernt sich nicht weit von den drei Einheiten des Aristoteles, bindet sich aber auch nicht an sie. Der „Engführung der Handlung" entspricht die „Raum-Zeit-Konzentration".[101] Auch wenn innerhalb des Ortes die Schauplätze wechseln, verläßt ihn niemand außer der alten Dame. Um ihn scheint ein magischer Zirkel geschlagen zu sein, an dem auch Ills Flucht endet. Die Zeit ist ebenso zum Punkt geschrumpft, sie existiert nur als „Schnittpunkt zwischen Vergangenheit und Zukunft".[102] Was oberflächlich als kontinuierliche Folge von Aktionen erscheint, ist tatsächlich zu einzelnen Situationen punktualisiert. Vergleicht man die Situationen, aus denen sich die Ereigniskette zusammensetzt, erweisen sie sich als homolog. Die Progression der Fabel ordnet die Situation gemäß einer *„axe paradigmatique"*[103] der immer gleichen Konstellation der Verführung und der Flucht. Die Ausgeliefertheit des einzelnen an das Kollektiv wird choreographisch immer wieder so repräsentiert, daß der Kreis oder Halbkreis der Mitbürger Ill umzingelt (am Bahnhof, in den Waldszenen, bei seinem Tod). So ist auch in der Makrostruktur eine Aufspaltung von *signifiant* (der dramatischen Entwicklung) und *signifié* (der stagnierenden Grundkonstellation) zu verzeichnen, an der die Moral und die Sprache der Handelnden erkrankt sind.

Der geschlossene Raum der dramatischen Spielwelt fordert die Entstofflichung der Bühne, so wie es Dürrenmatt am elisabethanischen Theater beschreibt:

> „Man erinnert sich der Tatsache, daß der dramatische Ort auf der Bühne nicht vorhanden ist, und wäre das Bühnenbild noch so ausführlich, noch so täuschend, sondern durch das Spiel entstehen muß. Ein Wort, wir sind in Venedig, ein Wort, wir sind im Tower."

Die Bühne ist von den Wirklichkeitsresten entrümpelt, die Illusion herstellen sollten. Übrig bleiben die Andeutung und das sprechende Raumelement, um einen anderen Spielraum zu schaffen. Dürrenmatt exemplifiziert das an einem der Vorbilder des *Besuchs,* Wilders *Our Town,* das sich seinerseits am elisabethanischen Theater orientiert:

„Die Entstofflichung der Bühne in der *Kleinen Stadt* ist diese: Sie ist leer, nur die Gegenstände stehen da, die man zur Probe benötigt, Stühle, Tische, Leitern usw., und aus diesen Alltagsgegenständen entsteht der Ort, der dramatische Ort, die kleine Stadt, allein durch das Wort, durch das Spiel, das die Phantasie des Zuschauers erweckt." (XXIV, 44)

Skelettiert wie das Wort, ist die Bühne offen für das Modell einer Welt.

Alle Versuche, Dürrenmatts Güllen geographisch zu lokalisieren, sind nicht nur zum Scheitern verurteilt, sondern zeugen auch von dem Bedürfnis, Güllener Zustände von sich zu distanzieren. Denn Güllen ist kein Ort, sondern eine moralische Situation. Die Regie zeigt, als der Vorhang sich hebt, nichts anderes als die Inschrift „Güllen": Die Bezeichnung, nicht der Ort, ist das Primäre. „Wir sind in Güllen. Wir riechen's, wir riechen's, wir riechen's an der Luft, an der Güllener Luft" (32), wiederholen die Eunuchen. Was hier zum Himmel stinkt,[104] wollen die Güllener, einer Randnotiz Dürrenmatts zufolge, in Gold ummünzen und in „Gülden" umtaufen (139). Damit sind die beiden Pole gekennzeichnet, zwischen denen die Fabel angesiedelt ist: zwischen Jauche und Edelmetall. Zwischen diesen Polen spielt die umgekehrte Proportionalität von Raum und Seele:[105] Die ruinierte Stadt des Anfangs ist am Ende die technisch-blitzblanke mit den schwarzen Seelen; dazwischen liegt ein schleichender Prozeß: „(...) wurde der Bühnenraum stets appetitlicher, veränderte er sich, stieg er in seiner sozialen Stufenleiter (...), so findet diese Steigerung im Schlußbild ihre Apotheose" (131). Je stofflicher also die Bühne, desto verkommener der seelische Mikrokosmos.

Dürrenmatt pflegt mit seinen Regieanweisungen so zu spielen, daß das Arrangement die Topographie an Bedeutung übersteigt. Güllen, die „kleine Stadt" (13, 141), ist zwar immer nur „im Hintergrund angedeutet" (13) und liegt, von Gott und der Wirtschaft verlassen, am Rande der Bühnenwelt. Paradoxerweise ist dieser Ort an der Peripherie der Welt aber zugleich deren Nabel, so wie Grover's Corners, Wilders kleine Stadt, die in der Ecke des Weltgeschehens ihr Dasein fristet und zum parabolischen Ort des Lebenskreislaufes wird, in seiner idyllischen Banalität noch mit dem Makrokosmos verbunden. Wie die Adresse Jane Crofuts könnte auch die Ills lauten: „Jane Crofut, Crofut-Farm, Grover's Corners, Sutten Country, New Hampshire, Vereinigte Staaten von Amerika, (...) Nordamerikanischer Kontinent. Westliche Halbkugel. Erde. Sonnensystem. Weltall. Geist Gottes".[106] Die Kleinstadt Güllen, „irgendwo in Mitteleuropa" (141), umgreift in ihrer Irgendwoheit alle, auch den Autor (vgl. 141). An diesem Weltort sind zu finden: die Dame von Welt, die reichste Frau der Welt, die Großen der Welt, die Finanzwelt, die Filmwelt, die mondäne Welt, Reporter aus aller Welt, ein Welt-Happy-End (vgl. 87, 119, 132).[107]

Die Plakate am „völkerverbindenden" (133) Bahnhof preisen das Überbleibsel des Mysterienspiels, die Passionsspiele von Oberammergau, an. Im Mysterienspiel wie im barocken Welttheater ist die Welt eine Bühne und umgekehrt; bevölkert von Jedermännern, kontrolliert von einer Gottheit. Deshalb hat Dürrenmatt den Raum in zwei Ebenen geteilt. Die oberen Ränge nimmt die Gottheit Claire Zachanassian auf ihrem Balkon ein, der während der oszillierenden Handlung des 2. Aktes allgegenwärtig ist, die unteren das menschliche Gehudel. Die eine Ebene ist der Ort der Zeitlosigkeit, die andere die der Zeit und des Todes. Folglich findet das „Jüngste Gericht", das eigentlich das Münsterportal schmückt (vgl. 24), im selben Goldenen Apostel statt. Die barocke Entzweiung[108] der vertikal differenzierten Ebenen repräsentiert den Antagonismus zwischen der einen Dame und dem ganzen Güllen. Dieser Ebenenwechsel wiederum entspricht dem Ills, der den Laden, den Ort der Ökonomie, verläßt und im Obergeschoß zu sich selbst gelangt.

Unzugänglich für alle Beteiligten ist die zweite Welt, die in der Horizontalen mit der Welt der Hochkonjunktur in Kontrast gesetzt wird: die Welt der Unmittelbarkeit und des Beisichselbstseins, die Petersche Scheune und der Konradsweilerwald. Gewohnte geographische Beschreibungen umkehrend, hat Dürrenmatt den Wald nicht in der Nähe der Stadt, sondern die Stadt „am Rande des Konradsweilerwalds" (138) angesiedelt. In dieser Natur haben die Protagonisten ein Romeo-und-Julia-Schicksal (vgl. 35) durchlebt. Beide Welten, die der Stadt und die der Natur, können nicht zusammen existieren, weil die eine die andere in ihre Verderbtheit mit hineingezogen hat: „Der Baum stirbt ab" (113). Deshalb ist Ills Feststellung mehr als metaphorisch: „Gelb alles, nun ist der Herbst auch wirklich da. Laub am Boden wie Haufen von Gold" (112).

Die Zeit hat „Vergänglichkeit" gezeitigt (49) und das Identitätserlebnis zerstört. Die Besuche des Liebespaares von gestern sollen durch Imitation die Kraft des Vergangenen evozieren und enthüllen doch nur um so drastischer, daß der mythische Akt die Zeitlosigkeit, die „Vorweltstimmung" (112), nicht bestätigt, sondern nur rekonstruieren kann.

Erst im Tod Ills ist „die Zeit aufgehoben" (39) und hat der „Traum von Leben, von Liebe, von Vertrauen" (117) wieder einen wirklichen Ort, den Ort eines zweiten *locus amoenus:* „Ich werde dich in deinem Sarg nach Capri bringen. Ließ ein Mausoleum errichten im Park meines Palazzos. Von Zypressen umgeben. Mit Blick aufs Mittelmeer" (118). Sueton berichtet, daß, als Augustus im Jahre 29 v. Chr. auf der Insel landete, eine welke Eiche plötzlich wieder Blätter trieb:[109] ein eindeutiges Vorzeichen für den Mann, der die verwelkte römische Rechtsordnung zu neuer Blüte bringen sollte, zugleich ein Gründungsmythos für die Besitzübernahme durch das Kaiserhaus der Julier. Die neue Beherrscherin der Insel hat daraus eine Toteninsel à la Böcklin (ein echtes Dürrenmatt-Bild)[110] gemacht wie vor ihr Kaiser Tiberius, der *„caprineus"*, der hier seine willkürlichen Hinrichtungen zum Schauspiel machte. Ein Mausoleum ersetzt den „Efeudom" (112) der lebendigen Natur. Das ist das Ende des Welttheaters, das Mittelalter und Barock in einer Heilsgeschichte angesiedelt hatten.[111]

# 6
# Themen und Motive

## 6.1
### Der Geist des Kapitalismus und die humanistische Ethik

Obwohl „Gegenwelt" zur Wirklichkeit, enthält die Komödie Wirklichkeitsreste, die es nahelegen, den Kausalzusammenhang von Macht und Moral anhand eines Komplexes von Entfremdungsphänomenen zu analysieren:[112]

Unmittelbare menschliche Beziehungen gehören der Vergangenheit an. In der Güllener Welt werden rein formale Beziehungen (Ehe und Familie) über Abgründe hinweg harmonisiert.

Das Individuum verbirgt sich hinter der Autorität und fügt sich in den Konsens der Allgemeinheit.

Gefühle werden dem Zweckdenken der Organisation untergeordnet, so beim Empfang: „Nicht schreien wie voriges Jahr (...)" (21).

Der Konsum ersetzt die entleerten Kontakte, die Monotonie des Alltags und die entfremdete Arbeit. Kreativität und Phantasie sind ausgestorben.

Beziehungen werden aus Rentabilitätsgründen eingegangen (Ills Ehe).

Zwischen ökonomischen Bedingungen und Verbesserung der Lebensqualität besteht ein Kausalzusammenhang: „Die Platz-an-der-Sonne-Hütte. Kommt die in Schwung, kommt alles in Schwung, die Gemeinde, das Gymnasium, der öffentliche Wohlstand" (33).[113]

Eine Zentralrolle in der Deformation des Menschen spielt die Technik: Das prosperierende Güllen wird mit Konsumgütern der Industrie überschwemmt.

Die Technik determiniert den Ort am Ende so, daß die Freiheit ihrer Rationalität verfällt.[114]

Die Pläne der alten Dame können „funktionieren", weil die Bedürfnishaltung des Ortes dafür disponiert ist. Der Ort zeugt schon zu Beginn von „untergegangenem Luxus" (33), war also schon einmal das, was er zum Schluß wieder ist, „eine moderne, wohlsituierte Stadt" (131).

Relativ zur wachsenden Kapitalisierung und Technisierung

schwindet die Illusion von der Geltung der humanistischen Wertwelt. Der Vertreter der Intelligenz, der Lehrer, weist dem Geschehen eine mythologische Dimension zu, während er selbst den Boden des Humanismus unter den Füßen verliert. Er ist der mythopoietische Topograph, der eine didaktische Funktion einnimmt, die sein Bewußtsein übersteigt. Der mythologische Stellenwert der Figuren ist durch ihn, durch seine gelehrte Schwatzhaftigkeit vermittelt. Der Archetyp wird beschworen, um durch den Vergleich dem modernen Geschehen überhaupt gewachsen zu sein. Die Tradition soll das verunsicherte Ich stärken und die Gesetzesaufhebung in die Regeln des Vertrauten zurückführen. Erst als der Lehrer sich dem Ungeheuerlichen fügt, ist es auch um seinen Assoziationsreichtum geschehen: Ungeheuer ist viel, aber nichts ist ungeheuerlicher als das Ende des humanistischen Archetypus.[115] Das Kapital bewirkt eine Irritation fundamentaler Art, weil es die Archetypen und damit die Tradition außer Kraft setzt.

Das Kapital bewirkt, daß das deutsche Griechenbild in der Tradition Winckelmanns, das von edler Einfalt und stiller Größe sprach, als schöner Schein entlarvt wird. Humanistische Erziehung hatte die Triebdynamik, die Wurzel des olympischen Zauberbergs, erfolgreich verdrängt. Der Glaube an gesittete Menschlichkeit pervertiert in Humanitätsduselei, verkommt im Suff des Lehrers, weil die Dynamik des Kapitals die Geburt der Zivilisation in der griechischen Polis rückgängig macht: „Mit unseren Idealen müssen wir nun eben in Gottes Namen Ernst machen, blutigen Ernst" (121).

## 6.2
### Das Requisit als Zeichen der Entfremdung

Die entstofflichte Bühne läßt den wenigen verbleibenden Requisiten besonderes Gewicht als Bedeutungsträger zukommen. Sie fungieren als Zeichen der Entfremdung der Figuren, die mit ihnen umgehen. Das Ding selbst wird zum Handlungsträger, weil die Handelnden verdinglicht sind. Bei aller Entstofflichung wird die Bühne überschwemmt von Waren. Die „gelben Schuhe" stehen stellvertretend für den Konsum, den die Dinge in langsamer

Steigerung anzeigen. Es beginnt bei den Mitteln des Lebens (Milch, Brot), erweitert sich zu Genußmitteln (Schokolade, Cognac, Tabak, Bier) und Luxusartikeln (Radio, Waschmaschine, Pelz, Auto). Zugleich sind die Waren integriert in ein System der Bedrohung: Die ständig über die Bühne transportierten Blumen und Kränze sind Zeichen einer toten Natur, verdinglicht wie die Leiche, die sie schmücken werden. Das umfassende Bedrohungssystem der Dinge greift auf die Güllener über. Plötzlich haben Bürgermeister, Polizist, Pfarrer Gewehre in der Hand; der Hofbauer, von archaischer Natur, ersteht ein Beil; der Verkauf des „Mordinstruments" gerät zur „Szene" des erkauften Immoralismus; von den Reportern gestellt, dauert sie so lange, bis sie „gestorben" ist (100).

Optische und akustische Signale scheinen die Marktwelt zu transzendieren und Hoffnung zu versprechen. Tatsächlich aber bannen sie in den mystischen Zirkel des Kapitalkreislaufs. Die Plakate, die die Reise in den Süden empfehlen oder zu den Passionsspielen einladen, „sind eine schmerzende Ironie zu Ills Gefangenschaft". Als Leiche wird Ill die Reise in den Süden antreten, und sein Gethsemane erlebt er an Ort und Stelle. Die heterogene Fügung von Illusionsplakaten und Toiletteninschriften relativiert die Träume vom anderen Zustand. Auch die Parodie des Rütlischwurs geht unter einer Inschrift vor sich: „Ernst ist das Leben, heiter die Kunst" (119) – die Verhältnisse verkehrend, insofern sie heroische Freiheit zusichert, wo der Ernst des Lebens mit Hilfe des Kapitals sich alles unterworfen hat. Nicht weniger heroisch als dies Wort aus Schillers *Wallenstein* wirken die Zugetiketten vom „Rasenden Roland", „Gudrun", auch „Loreley", kontrastiert mit „Diplomat" und „Börsianer". Neben Namen mit nationalpatriotischem Gefühlswert stehen solche merkantiler Art, Traditionen von literarischem Stellenwert sind zu Etiketten der Technik verkommen. Ebenso haben die akustischen Reize ihre Eigenständigkeit verloren. Unterschiedslos werden Oper, Operette, Tanzmusik und Schlager eingespielt. Die Einebnung des Niveaus geht dem Kulturverfall parallel. Die akustische Bedeutungsebene setzt die Kontraste zur Handlungsebene: Das Radio spielt die „Lustige Witwe" (64), während die alte Dame davorsteht, ihrem achten Gatten den Laufpaß zu geben, und ihr einstiger Geliebter schon in ihren Fängen ist. Glockenklang begleitet den gesamten Vorgang: Am Anfang ist die Kirchenglocke versetzt (vgl. 16), und die Feuerglocke übernimmt ihre Aufgabe. Die erklingt, wenn die Güllener den Zügen „von Weltbedeutung" nachtrauern (14), ihre humanistische Vergangenheit zitieren (vgl. 15), ihren Ruin dem „internationalen Kommunismus" (17) zuschreiben oder wenn der „Rasende Roland" die Verkörperung des Kapitals mitbringt; sie ertönt, wenn Gatte VII von Claire zum Demonstrationsobjekt mißbraucht wird und Ill ahnen läßt, daß er in kurzem nicht weniger Demonstrationsobjekt sein wird; sie läutet den Einzug Claires in Güllen ein, der Ton aber kommt im falschen Moment, so daß er die Auffahrt des schwarzen Sarges begleitet (vgl. 31). „Dünn" (51) klingelt Ills Ladenglocke, als das Kapital noch nicht in Umlauf ist; am Ende wird ein „pompöses Geklingel" (91) daraus.[116] Korrespondierend zu den Guitarrenakkorden der wartenden Gegenpartei zeigen Telefonklingeln (vgl. 64) und Glockentöne die wachsende Bedrohung an: Die Jagd auf den Panther hat begonnen. Aus der Warnglocke, der Feuerglocke, wird dann die „Glocke des Verrats" (76), wenn selbst der Sakralraum vom Konsum profitiert. Diese instrumentiert wie eine Totenglocke Ills gescheiterten Fluchtversuch (vgl. 82). Der Schlußchor als ganzer soll tönen, als „gäbe ein havariertes Schiff, weit abgetrieben, die letzten Signale" (132).

Dem Thema entsprechend dualistisch sind Licht und Schatten verteilt. Auch wenn Güllen zu Beginn in „heiße Herbstsonne getaucht" wird (13), bescheint diese eine „graue Welt" (13), und seine Bewohner sind „verschmiert" (102). Die „vergoldete, ehrwürdige Apostelfigur" ist mit dem „untergegangenen(r) Luxus" des Wirtshauses verkommen: „alles verschlissen, verstaubt, zerbrochen, verstunken, vermodert" (33). Die Platz-an-der-Sonne-Hütte ist eingegangen. Der „einzige Schimmer", der diese düstre Welt erhellen könnte, ist nach Auffassung des Pfarrers die Initiation in die christliche Glaubensgemeinschaft, die Taufe (75). Die Güllener aber meinen, daß nur Güldenes dem Namen ihres Städtchens gerecht werden kann: Gelb sind deshalb die neuen Schuhe (vgl. 59f., 64), dann folgen Goldzähne (vgl. 65) und Reiseplakate „mit einer strahlend gelben Sonne" (80), und am Ende der Konjunktur leuchtet alles blitzblank (vgl. 131). Nicht nur die Sonne strahlt, sondern auch die Güllener strahlen vor der Weltöffentlichkeit (vgl. 100).

Den vergüldeten Güllenern entgeht, daß mit fortschreitender Technisierung das natürliche Licht immer mehr abnimmt. Trügerisch hat die Sonne Ills letzte Ausfahrt beschienen: „Die Ebene, die Hügel dahinter, heute wie vergoldet" (110). Dies Abend- und Herbstlicht (vgl. 111) kündet aber schon vom Tod. Je mehr das gelbe Licht der Sonne und des Tages verlischt, desto mehr nimmt das silbrige der Nacht und der Technik zu. Schon bei der Schlußabstimmung streikt die Beleuchtung (vgl. 125), und zum Mord wird das lebenspendende Licht endgültig gelöscht. Die Szenerie erhellt das „schwache", fahle Licht des Mondes (vgl. 127), das vermittelt ist wie das Leuchten der Technik.

Der Dualismus von Sonne und Mond, Licht und Dunkelheit, Leben und Tod, Natur und Technik, entspricht dem zwischen dem scheinbar vergoldeten Güllen und der Goldmarie Claire Zachanassian, der es gelungen war, einen „goldenen Maikäfer" (37) anzulocken. Ihre Farbe ist die der Trauer. Sie trägt schwarze Kleidung (vgl. 34), führt den schwarzen Sarg und den schwarzen Panther mit sich (vgl. 31, 33), schwarz war das Haar ihrer Tochter (vgl. 116), tiefblau wird das Meer sein, auf dessen Insel Ills Mausoleum errichtet ist (vgl. 118). Das Gold, das die alte Dame bringt, ist schwarzes Gold. Daß dieses ganze Schwarz Ausdruck ihres „goldenen Humors" (vgl. 41) sei, ist der tragische Irrtum Ills, aus dem „blutiger Ernst" (121) wird. Denn das Gold, mit Claire in Verbindung gebracht, hat von Anfang an eine Rotverschiebung erlebt. Auch die roten Haare (vgl. 18, 37, 43 f.), der rote Unterrock (vgl. 117), die rote Farbe des Begrüßungstransparents (vgl. 13), Zeichen der ehemaligen Ursprünglichkeit des Wildkätzchens, sind nun doppeldeutig, denn der Panther hat funkelnde, feuerspeiende Augen bekommen (vgl. 61): Aus dem Rot der Liebe ist das Rot der Hölle geworden. Jetzt täten die Bürger gut daran, das „feierliche Schwarz" (20) wieder anzulegen, das sie beim Begrüßungszeremoniell getragen haben, um nun die Blüte ihrer Wirtschaft zu betrauern. Statt dessen kleiden sie sich in schrilles Gelb. Eingeholt vom Schwarz-Rot der Hölle, wird der schwarze Panther Ill im schwarzen Sarg zum tiefblauen Meer abtransportiert.

Nicht weniger offensichtlich und oft besprochen ist das Geschehen um das emblematisch-heraldische Symbol[117] des Panthers, das ebenfalls dem Motivgefüge von Natur und Technik zugeordnet ist. Er ist aber mehr als nur Symbol für die Jagd, die

Claire und die Güllener auf Ill anstellen, nämlich domestizierte, gefangene und schließlich erlegte Natur. In ihm sind die gesellschaftliche Abmachungen unterwandernde Natürlichkeit, Triebhaftigkeit und Wildheit beider Liebender gleicherweise abgebildet.[118] In der entfremdeten Welt degeneriert das Symbol der Freiheit, bricht aus und muß zur Strecke gebracht werden. In ihm wird nicht Ill gejagt, ihn hat die Ordnung ja schon längst hinter Gitter gebracht, sondern die Ursprünglichkeit des Seins: „Die Tierwelt wird ärmer, wo Menschen hausen, wir übersehen keineswegs dieses tragische Dilemma" (77). Daß Claire derselben Entfremdung unterliegt, beweist, daß sie den Tod des Panthers wie den Ills lediglich registriert („Schade um das Tierchen", 70).

Dasselbe Bedeutungsspiel um Liebe und Tod und Verdinglichung der Liebe durch das Tote versteckt Dürrenmatt in der Zigarrenmotivik. Das reine Naturprodukt ist zunächst wie die vielen anderen Güter, die über Ills Ladentisch wechseln, Zeichen des Konsums. Zigarren werden eben „konsumiert", bis die Asche übrigbleibt. Zwischen den Lippen der Zachanassian wird aber noch anderes konsumiert. Nicht nur daß sie als Zigarrenraucherin ins männliche Fach überwechselt, sie raucht auch mit Vorliebe männlich benannte (Henry Clay, Winston) Marken. Die seit Freud geläufige sexualsymbolische Bedeutung der Zigarre braucht hier nicht weiter erörtert zu werden.[119] Die männermordende Androgyne schmaucht ihre Zigarre, ihren Gegner entmannend. Zuletzt aber heißt die Zigarre „Romeo et Juliette" (114), und Ill und Claire rauchen sie gemeinsam: Die unbedingte Liebe, mit diesen Namen verbunden, löst sich in Rauch auf, hat sich „verzehrt". So wird aus der Ersatzhandlung („weißt du noch, in diesem Wald haben wir oft zusammen geraucht", 115) ein Zeichen dafür, daß die Liebe der Zeit unterworfen und unwiederbringlich dahin ist. Deshalb besteht Ills Henkersmahlzeit aus einer Zigarette.

## 6.3
### Recht und Gerechtigkeit

„In manchen Arbeiten über Dürrenmatt sind die Begriffe Gerechtigkeit und Gnade so strapaziert wie anderswo der Freiheitsbegriff bei Schiller (…)."[120] Das hat seinen Grund; denn die Frage nach der Existenz und Verwirklichung der Gerechtigkeit ist geradezu eine Obsession Dürrenmatts. Es wimmelt in seinem Werk, nicht nur in seinen berühmten Kriminalromanen wie *Der Richter und sein Henker, Der Verdacht, Das Versprechen* und *Justiz,* von Richtern, Zeugen, Angeklagten, Prozessen, Henkern und kriminalistisch-analytischen Darstellungsformen. Der Verdacht und die Versuchung legen deshalb nahe, daß Dürrenmatt weltliche Rechtspraxis und Gerechtigkeit nach dem platonischen Schema von Erscheinung und Idee miteinander konfrontieren und aus dem Kontrast heraus die Rechtspraxis einer ungerechten Welt kritisieren will.[121] So hatten die Täufer in Dürrenmatts Erstling ihr Wirken verstanden: als Verwirklichung eines Gottesrechts, durch die „der Durchbruch von der *Immanenz* zur *Transzendenz*"[122] erfolgte. Da auch die alte Dame aus einer Art von Transzendenz in die Unrechtskausalität des Städtchens eindringt, könnte man mutmaßen, daß auch hier die Herstellung der irdischen Rechtsordnung durch den Eingriff eines supranaturalen Gerechtigkeitsprinzips geschieht. Dazu stimmt, daß Kläri Wäscher schon in der Exposition eingeführt wird als eine, die „die Gerechtigkeit liebte" (13). Auch ihr Prozeß wird unter das bündige Motto gestellt: „Ich gebe euch eine Milliarde und kaufe mir dafür die Gerechtigkeit" (45). Und der Lehrer scheint das dualistische Vorstellungsmuster zu bestätigen: „Sie verlangen absolute Gerechtigkeit. Wie eine Heldin der Antike kommen sie mir vor, wie eine Medea" (90).

Gerade der Bezug zu Medea aber zeigt die Fragwürdigkeit dieses Gerechtigkeitsbegriffes; denn Medea verwirklicht Recht durch Rache. Die Sympathie, die der bürgerlichen Heldin Kläri Wäscher zukommt, weil sie als erniedrigte und beleidigte Geliebte ihr Recht kauft, täuscht zunächst darüber hinweg, daß in ihrer Biographie eine Motivationslücke besteht (vgl. XXIV, 199): Wir erfahren nichts von Versuchen, ihr Recht auf legalem Weg zu verwirklichen. Sie ist also nicht als verfolgte Unschuldige entlastet, wenn sie mit den Mitteln des Kapitals und der Anstiftung zum Mord Gerechtigkeit fordert. Das sagt weniger über sie als über ihre Gerechtigkeit aus. Es geht nicht um Gerechtigkeit, sondern um deren Gegenteil („Die Gerechtigkeit kann man doch nicht kaufen", 45). Dieser Vorgang ist ebenso absurd wie der Versuch des Staatsanwalts Mississippi, die moderne Gesellschaft nach dem Gesetz des Moses zu richten. Das Spiegelungsprinzip des israelitischen Rechts trägt den Keim zur Ungerechtigkeit schon in sich: *summum ius summa iniuria.* An Karl V. hatte Dürrenmatt gezeigt, wohin die vollständige Rationalität der Gerechtigkeit führt: Die Maschinerie des Vergeltungsrechts läßt eine lieblose Welt zurück. Ebenso hier: Das „Auge um Auge" der alten Dame, aus dem Zusammenhang der Gottesrede gerissen und verselbständigt, ist nicht dagegen gefeit, aus der Rechtsordnung hinauszuführen. Am Ende maßen sich die Güllener denselben Umgang mit der Gerechtigkeit an, den ihnen Claire Zachanassian vorgeführt hat. Die Abstimmung über Ills Tod steht unter dem Motto der Zachanassian: „Wer reinen Herzens die Gerechtigkeit verwirklichen will, erhebe die Hand" (125). Nach dem Vergeltungsrecht ist dieser Schluß nur konsequent: Die Verderbtheit des Rechtsbewußtseins, die radikale Ideologisierung und Subjektivierung des Begriffs, ist die Antwort auf die nominalistische Entwertung des Begriffs durch Claire Zachanassian.[123]

## 6.4
### Satire auf den Kapitalismus?

Unsere Beobachtungen zum Themen- und Motivgeflecht lassen sich mit Claires Wort auf einen gemeinsamen Nenner bringen: „Anständig ist nur, wer zahlt" (91). Das klingt nun freilich nach Vulgärmarxismus. In Moskau ist das Stück deshalb auch nach Dürrenmatts eigenem Bericht als Satire auf den Kapitalismus verstanden worden.[124] Diese Interpretation muß sich mit folgenden Problemen auseinandersetzen:

Offensichtlich hat Dürrenmatt die soziale Wirklichkeit nicht so verdichtet, daß das Ergebnis auf ein bestimmtes Gesellschaftssystem und eindeutig definierte Eigentumsverhältnisse applizierbar ist.

Hätte er den Monopolkapitalismus allein brandmarken wollen, hätte er den Kausalkomplex der Herkunft des Kapitals präzisieren müssen. Wie die Milliarden der alten Dame akkumuliert wurden, ist ein schwarzer Motivationsfleck. Ihr Kapital ist das Ergebnis eines unglaublichen Dürrenmattschen Zufalls: Ihren „roten Haaren" (37) allein verdankt sie den Aufstieg.

Daß sie selbst das Opfer einer bürgerlichen Tragödie ist, im letzten das Opfer einer Rentabilitätsberechnung Ills, müßte verschwiegen werden.[125]

Die alte Dame oder zumindest ihr erster Gatte hätten als ausbeuterische Figuren fungieren müssen. Es ist aber nicht die herrschende Klasse, der Eigner der Produktionsmittel, das Thema, auch nicht der expropriierte Arbeiter, sondern eine soziologisch bunt gewürfelte Dorfeinheit, deren Reaktion auf den gleichwie entstandenen ungeheuren Kapitalzufluß der Beobachtungsgegenstand ist.

Die ausgebeuteten Güllener leiden zwar zu Beginn unter der Entfremdung durch den Kapitalentzug; der Übereignung des neuen Kapitals und der daraus resultierenden anders gearteten Entfremdung setzen sie keinen Widerstand entgegen.[126]

Auch der Gegenvorschlag Kühnes, die dramatischen Energien des Kleinbürgertums zu organisieren, der alten Dame zu widerstehen oder sie zu übertölpeln und damit eine neue Epoche der Menschheitsgeschichte und der Verteilung des Eigentums einzuleiten,[127] hat ja in den Augen des Autors wenig Gnade gefunden.

Zuletzt fehlt der didaktische Zeigefinger. Der Autor nimmt nicht eine normengesicherte Position ein. Beim Zuschauer kann der Vorgang deshalb keine moralische Befriedigung hinterlassen, wenn sich der Autor in den dargestellten Schuldzusammenhang mit hineinnimmt.[128]

Von elementarer Bedeutung ist, daß Dürrenmatt die Frage nach der Normerkenntnis und Normendefinition nicht thematisiert. Das heißt nicht, daß ihm Recht und Gerechtigkeit unter dem Aspekt der Normativität unmittelbar evident sind. Vielmehr stellt er die Frage nicht, weil er sie nicht beantworten kann. Er entzieht sich ihr bewußt als einer außerästhetischen. Goethes Aufforderung „Bilde Künstler, rede nicht" ist ihm oberste Maxime (vgl. XXIV, 69), die Naturwissenschaft Vorbild für den Darstellungsvorgang, allerdings nicht in der Weise der Kausalanalyse des gesellschaftlichen Kräftefelds, sondern in ihrem Schweigen vor dem „Sinn der Natur" (XXIV, 89, 112).[129] Daher der oft wiederholte Satz Dürrenmatts vom Ende des Theaters als einer moralischen Anstalt (vgl. XXIV, 91).

Wenn Dürrenmatt darauf insistiert, daß der Dramatiker nicht vom „Problem", sondern vom Konflikt auszugehen hat (XXIV, 137), dann stellt er sich in die Tradition der sokratischen Skepsis,[130] die die Aufklärung Brechts überholen will: „Ich bin Diagnostiker, nicht Therapeut" (XXVIII, 36).

# 7
# Dürrenmatts Dramaturgie

## 7.1
## Kunst und Wirklichkeit

„Ich bin kein politischer, sondern bin ein dramaturgischer Denker, ich denke über die Welt nach, indem ich ihre Möglichkeiten auf der Bühne und mit der Bühne durchspiele, und mich ziehen demgemäß die Paradoxien und Konflikte unserer Welt mehr an als die noch möglichen Wege, sie zu retten." (XXVIII, 35 f.)

Dürrenmatts Verhältnis zur Wirklichkeit überhaupt ist ein dramaturgisches. Aus dem Verlust der Weltordnung folgt ein Weltverhältnis, das auf die Welt mit einer „Eigenwelt" und „Gegenwelt" (XXVIII, 91 u. pass.) antwortet. Um die an sich chaotische Welt zur Gestalt bringen zu können, trotzt die Kunst der Welt ihre Autonomie ab. Sie erklärt sich andererseits zur einzigen Möglichkeit, „der Welt beizukommen" (vgl. XXIV, 62).

Die radikale Befreiung der Kunst von der Wirklichkeit soll einen Schlußpunkt unter die über zweitausendjährige Diskussion der aristotelischen Poetik und ihrer Mimesislehre setzen. Dürrenmatt läßt sich auf diese Diskussion, was Aristoteles mit dem Begriff der Nachahmung gemeint haben könnte, nicht ein (vgl. XXIV, 186), sondern kapriziert sich ganz auf des Aristoteles Unterscheidung zwischen dem Aufgabenfeld des Geschichtsschreibers und des Dichters: Der eine erzähle das, was geschehen sei, der andere, was geschehen könnte (c. 9). Daraus schließt Dürrenmatt, daß es für die „Möglichkeit", das Betätigungsfeld des Dichters, an und für sich gleichgültig ist, ob sie Wirklichkeit sein könnte. Er verschärft die Subjektivierung der Dramatik dergestalt, daß er das Mögliche des Aristoteles mit dem Unmöglichen identifiziert. Da auch das Unmögliche als Mögliches gedacht werden kann, verabsolutiert er das Unmögliche als Gegenstand der Spielwelt, um das der naiven empirischen Weltsicht Widersprechende zu Ende zu denken. Die Aufgabe der Spielwelt ist also wesentlich die Zerstörung fixierter und automatisierter Orientierungen des Zuschauers.[131] Wäre die Kunst Wirklichkeitsnachahmung, würde sie die Befangenheit des Zuschauers in seinen erstarrten Vorstellungen von der Welt nur bestätigen. Die Aufgabe des Dramatikers ist also, die faktischen Gegebenheiten so zu reduzieren, daß Verhältnisse und Beziehungen wieder transparent werden; seine Gefahr, in der didaktischen Reduktion des Theatereffekts die Wirklichkeit zu verfehlen.[132] Dürrenmatts Axiom heißt freilich: „Es ist unmöglich, daß ein Kunstwerk aus der Wirklichkeit fällt."[133]

## 7.2
### Der Einfall

Ob das theatralische Modell Tendenzen der Wirklichkeit transparent macht, hängt entscheidend vom „Einfall" ab, der der Kern der Konzeption ist. Er umfaßt sowohl die klassische Methode der *inventio*[134], das Finden der überzeugendsten Argumentationsstrategie, als auch das erregende Moment, ohne das die psychischen Energien des Zuschauers nicht freigesetzt werden können, die den Panzer der mechanischen Rezeption durchbrechen sollen. Der Einfall muß die Gestalt einer Attacke annehmen, wie ein „Geschoß" (vgl. XXIV, 62) in die Welt sausen und detonieren. Die Notwendigkeit des Einfalls folgt aus den Überlegungen über das Verhältnis von Kunst und Wirklichkeit. Je unerwarteter, „unmöglicher" der Einfall, um so größer seine Durchschlagskraft. Die Aufmerksamkeit des Dramatikers konzentriert sich ganz auf die Struktur der Handlung, nicht auf den Entwurf des Charakters. Auch damit zeigt Dürrenmatt, daß er die Poetik des Aristoteles in zeitentsprechender Weise anwenden möchte, aber eben Aristoteles' Poetik der Tragödie. Denn „die Tragödie", heißt es dort, „ist nicht die Nachahmung von Menschen, sondern von Handlungen und Lebenswirklichkeit. (Auch Glück und Unglück beruhen auf Handlung, und das Lebensziel ist eine Art Handlung, keine bestimmte Beschaffenheit.)" (c. 6). Allerdings löst Dürrenmatt die Handlung vom verpflichtenden Muster des Mythos. Die Begebenheit des Mythos, der Stoff der Tragödie, war dem Zuschauer bekannt, traf auf sein Einverständnis und konnte keine Überraschungseffekte erzielen. Die Komödiendichter, allen voran Aristophanes, befreiten den Stoff aus der Traditionsgebundenheit und ließen erfundene Handlungen in der Gegenwart spielen (vgl. XXIV, 61). Wirkung kann der die Gegenwart betreffende Einfall nur dann haben, wenn er die Gegenwart nicht widerspiegelt, also ihren Schein verdoppelt, sondern wenn er zur Gegenwart Distanz nimmt und sie im Modell verdichtet. Die Würde des Einfalls spielt dabei keine Rolle; er kann ein Bagatellfall, eine Trivialität oder ein kabarettistischer Gag sein. Alles in dieser Dramaturgie zielt auf den Theatercoup. Deshalb, so Allemann, sei es nicht mehr nötig, „den Verfremdungseffekt als Regiemaßnahme einzusetzen. Die komische Handlung produziert den Verfremdungseffekt aus sich selber."[135]

Wie der Einfall entsteht und Kontur gewinnt, läßt sich am *Besuch* aufgrund der bekannten Entstehungsgeschichte rekonstruieren. Er ist zunächst ohne dramatische Dimension und wird in der Erzählung *Mondfinsternis* episch realisiert, die, von Dürrenmatt bearbeitet, nun in *Stoffe II* nachzulesen ist. Aus der Erzählung läßt sich erschlüsseln, daß der Einfall nur aus wenigen Grundelementen besteht: dem verlassenen, ruinierten Dorf, der Verführbarkeit der Dorfbewohner, dem Fremden, der aus Kanada in seinen Geburtsort zurückkommt und zum Mord an seinem alten Rivalen anstiftet. Alles andere fehlt: Der Fremde wird nicht erwartet; kommt mit dem Auto; hat ehemals seine Geliebte aus freien Stücken verlassen; seine eigentliche Absicht ist, mit seinem Millionenangebot dem verlotterten Bergnest zu helfen; die Rache am Rivalen fingiert er aus einem spontanen Einfall heraus; was er tatsächlich kaufen will, ist die Fügsamkeit der Dorfbewohner, vor allem die der Frauen; das Opfer ist aufgrund seines verpfuschten Lebens gerne bereit zu sterben; der Held offenbart am Ende, daß er durchaus imstande gewesen wäre, seine Million ohne Mord zu stiften. Eine schlimmstmögliche Wendung beschließt das Ganze: Alles war umsonst; denn die Kantonsverwaltung präsentiert einen millionenschweren Sanierungs- und Erschließungsplan für das Dorf. Man sieht, daß das willkürliche Verhalten des Fremden, seine Unentschiedenheit und wechselnde Motivation noch vor dem „Einfall" liegen. Erst die dramaturgische Kalkulation schafft die Stringenz einer Versuchsanordnung:

> „(...) aus dem Auswanderer wurde eine Frau: die Multimilliardärin Claire Zachanassian. Aus dem Bergdorf: Güllen (...). Dramaturgisch stellte sich fürs erste das Problem: wie bringe ich eine Kleinstadt auf die Bühne (...)? Nun ist ja der Bahnhof der Ort, den man zuerst sieht, wenn man in eine Stadt geht, dort muß man ankommen. Der Zuschauer kommt mit dem Bahnhof gleichsam in Güllen an. Dann war

als dramaturgisches Problem zu lösen: wie stelle ich nun die Armut dar. Allein zum Beispiel, indem ich die Menschen zerlumpt herumlaufen lasse, das genügt ja nicht, der ganze Ort muß verarmt sein. Und so kam ich auf die Idee, daß ich die Schnellzüge dort nicht mehr habe anhalten lassen, einmal hielten sie an, nun nicht mehr. Weiter stellt sich nun die Frage: wie kommt dann eine Milliardärin an? Kommt sie nun mit einem Bummelzug? Ich hätte sie selbstverständlich in einem Extrazug ankommen lassen, aber es ist natürlich viel eleganter, wenn sie die Notbremse zieht. Milliardärinnen können sich das ja leisten. Doch nun, wenn ich schon eine Milliardärin mit dem Zug ankommen lasse: warum eigentlich mit dem Zug? Warum ist sie nicht mit dem Auto gekommen? Und hier, aus dieser Zwangslage, weil ich ja den Bahnhof unbedingt haben wollte als Theatermilieu, kam ich auf die Idee, die Milliardärin kommt mit dem Zug an, weil sie einmal einen Autounfall gehabt hat und nun eine Beinprothese besitzt und nicht mehr autofahren kann. So entstehen, wie Sie aus diesen Beispielen sehen können, aus Theaternotwendigkeiten, aus realen Notwendigkeiten der Bühne, Elemente des Spiels, die nur scheinbar bloße Einfälle sind."[136]

## 7.3
### Der Zufall

Aus beiden dramaturgischen Strukturbegriffen, dem der Möglichkeit und dem des Einfalls, folgt der dritte, der des Zufalls. Der Zufall zerschlägt endgültig die Kategorien des Gewohnten und suspendiert die Kausalität, nach der zu denken sich der abendländische Mensch angewöhnt hat. Der Zufall ist das eigentliche Gegengift gegen die Identifikation des Zuschauers. Er macht auch noch die Einfühlung in das Opfer unmöglich. Der Zufall entmachtet alle Charaktere, Helden wie Antihelden. Er ersetzt den springenden Punkt der Tragödie, die Peripetie, als Umschlag der Handlung in ihr Gegenteil. Er wird deshalb zum Gegenbegriff des Schicksals auch im dramaturgischen Sinne; denn die Peripetie war das Werk des Schicksals, das die Ordnung wiederherstellte. Der Zufall zerstört die Tektonik der Tragödie von innen her, weil deren Zielgerichtetheit auf den Tod des Helden und die Selbstbehauptung der Ordnung Äquivalent einer wie auch immer gearteten Metaphysik ist, die einen Gott, ein Schicksal, eine Nemesis, eine Idee als lenkende Instanz voraussetzt. Deshalb Aristoteles: „Ja, auch beim Zufälligen scheint das Erstaunlichste zu sein, was sinnvoll zu geschehen scheint" (c. 9). Im Zufall Dürrenmatts verselbständigt sich dagegen die Handlung und demonstriert, daß die planende menschliche Vernunft an ihre Grenze gerät. Deshalb ist der Zufall der Schnittpunkt, an dem Wirklichkeit und „Unmöglichkeit" der Spielwelt zusammenfallen.

Es ist zwar behauptet worden, Dürrenmatt falle durch seine Dramaturgie der Panne zurück in metaphysisches Denken.[137] Tatsächlich aber will Dürrenmatt den Erkenntnissen der Mikrophysik (Unschärferelation, Aufhebung des objektivistischen Wissenschaftsverständnisses, Suspension des kausalen Denkens) theatralisch gerecht werden: „Die Welt dramaturgisch in den Griff zu bekommen, das geht heute ohne Beschäftigung mit der Wissenschaft überhaupt nicht."[138] Anthropologisch bedeutet das den Abschied von einer rationalen, quasiwissenschaftlichen Psychologie des aristotelischen Theaters, zu dem in diesem Fall auch Brecht zählt. Auf der Bühne stehen keine Charaktere im traditionellen Verständnis des Wortes, sondern Probanden eines Experiments naturwissenschaftlicher Art. Es gibt also keinen Grund, warum Minotaurus nicht höchstpersönlich auf der Bühne auftreten dürfte. Daß Kläri Wäschers rotes Haar im Hamburger Bordell den Milliardär fasziniert, ist der Zufall, von dem das bürgerliche Trauerspiel nicht ausgehen durfte. So durchbricht das Erscheinen der alten Dame die Notwendigkeit, die das Handlungselement der Tragödie ist. Der Zufall ist Partei für die Versuchsleiterin, die die Handlung ans Ziel bringt.[139] So kann die Komödie beginnen. Würde Dürrenmatt freilich alle Abläufe für alogisch erklären, wäre sein Theater absurd. Der Zufall tritt nur an bestimmten wirkungsmächtigen Punkten des Verlaufs in Kraft. Wenn der Extremfall eingetreten ist, verläuft alles planvoll, und das Dorf ist dem planenden Entwurf der alten Dame ausgeliefert. Von Ill aus gesehen: Seine Initialentscheidung für das Geld und gegen die Liebe schließt den Zufall aus und hat alles andere mit fataler Notwendigkeit zur Folge.

## 7.4
### Die Komödie

Aus den bisher explizierten dramaturgischen Begriffen deduziert Dürrenmatt, daß die Tragödie und auch das bürgerliche Trauerspiel der modernen Welt unangemessen sind. Seine Argumente seien noch einmal zusammengefaßt:

- Es fehlt eine Instanz, die dem tragischen Geschehen Sinn verleiht.
- Es fehlt eine durchgängige Kausalität, die Mitleid ermöglichte.
- Es fehlt ein Charakter, der die Handlung tragen und bestimmen könnte, weil sie kausal nicht erklärbar ist.
- Mit dem Zufall ist der Raum für eine moralische oder personale Würde, die die „edle Handlung" ausmacht, zerstört.
- Durch den Raptus des Einfalls stehen die Figuren hilflos vor dem Unbegreiflichen und können nicht in einer Katharsis ihren tragischen Fehler oder ihre Schuld einsehen und büßen.
- Durch die Aufhebung der aristotelischen Logik wird auch der Zuschauer in Distanz zum Geschehen gehalten, und Furcht und Mitleid, die Affekte der Identifikation, werden verhindert.
- Der Mythos ist zwar noch präsent, aber nur in der Weise der Parodie.
- Die Komödie, die gemeinhin in der Literaturkritik abgewertet wurde, weil sie ohne die metaphysische Dignität der Tragödie ist, wird als einzige dramatische Möglichkeit, die der Wirklichkeit Gestalt geben kann, aufgewertet.
- Der Komödienbegriff hat mit dem der Komik nicht viel gemein. Zwar kann die Komödie komische Elemente in sich aufheben, aber ihr Grundgestus ist der bittere Ernst, paradox könnte man sagen: der tragische Ernst. Dürrenmatt nennt zwar das Mittel der Distanz in der Regel Humor, ohne zu bedenken, daß dieser Begriff durch volkstümliche und realistische Literatur vorbelastet ist, meint aber damit keine Versöhnlichkeit.[140]
- Die Komödie löst das Sujet aus der Tradition und wendet sich der Gegenwartskritik zu.

Dürrenmatt bringt damit eine Entwicklung zu Ende, die bei der aristophanischen Komödie und ihrer Kritik der Polis einsetzt und in der Dramenentwicklung, je mehr der Blick des Dramatikers sich auf die Gesellschaft seiner Zeit richtet, zur „gemischten Gattung", vom bürgerlichen Trauerspiel über die Komödie des Sturm und Drang zu Grabbe und Büchner führt und im Naturalismus gipfelt: „Seit dem Naturalismus zeigt sich die deutsche Komödie als die zentrale Erscheinungsform unseres Dramas. Kein bedeutender Autor, der nicht von ihrer Intention etwas zu realisieren suchte (...)"[141]

## 7.5
### Der Zuschauer

Aus der Diagnose der gesellschaftlichen und wissenschaftlichen Problematik folgt der Verzicht des Autors auf eine direkte didaktische Überwältigung des Zuschauers. Die Geartetheit des Publikums ist der letzte Grund, warum die Tragödie aufgehört hat zu existieren: Sie setzt ein soziologisch und ideologisch homogenes Publikum voraus. Die Dramaturgie der Komödie sieht sich einem anonymen Rezipienten ausgesetzt, der nicht zu berechnen ist (vgl. XXIV, 64). Der Schritt vom Werk zur Wirkung ist ebenso unüberschaubar wie das gesellschaftliche Kräftefeld. Nicht der Autor also kann dem Theater die Würde einer moralischen Anstalt verleihen, sondern allein der Zuschauer: „In der unwillkürlichen Moralität des Theaters liegt seine Moral, nicht in seiner erstrebten" (XXVI, 112). So wird aus der Not, nicht direkt wirken zu können, die Tugend, nicht direkt einwirken zu wollen. Dem Zuschauer bleibt die Freiheit belassen, den Impuls der Bühne aufzunehmen.

Woran die Bühne allenfalls mitwirken kann, ist die Überlistung des Theaterbesuchers, sich durch den Überfall, den der Einfall darstellt, Demonstrationszusammenhängen auszusetzen, weil ihn der Einfall in eine Masse verwandelt, „die angegriffen, verführt, überlistet werden kann, sich Dinge anzuhören, die sie sich sonst nicht so leicht anhören würde" (XXIV, 64). Im Lachen, welcher Art auch immer es sein mag, manifestiert sich die Freiheit des Menschen vom mechanisierten Denken (vgl. XXIV, 68). Deshalb enthalten Dürrenmatts Stücke wenig Parabelhaftes, das sich auf die Wirklichkeit transformieren und nutzbar machen ließe. Parabolisches enthält vielleicht noch am ehesten der *Besuch,* weil die Verführbarkeit des Menschen ein „allgemeinmenschliches" Thema ist und Güllen als „Modell einer vom Kapital beherrschten Gesellschaft"[142] gelten kann. Auch sind die satirischen Einzelzüge, die Kritik der moralischen Mediokrität des Humanismus, der Kirche, der Verwaltung unmittelbar applizierbar. Der Gesamtzusammenhang aber, durch Einfall und Zufall bestimmt, ist das Singuläre schlechthin und nicht übertragbar. „Brecht enthüllt Wege der Veränderung, Dürrenmatt akzentuiert Fakten, die sie erschweren."[143] Profitlich unterscheidet deshalb zwischen einer naiven und einer bewußten Identifikation des Zuschauers; die

Vernichtung der naiven (der Verwechslung von Theater und Wirklichkeit) durch eine Handlungsführung, die jenseits des Gleichnishaften steht, schließt nicht aus, daß dem Zuschauer in einem dialektischen Akt bewußt wird, „mit den vorgeführten Figuren bestimmte Dispositionen, Verhaltensweisen und Schicksale gemein zu haben"[144]. Man darf also den Schluß ziehen, daß Dürrenmatts Poetik mehr ist als eine „reine Produktionsästhetik",[145] weil sie dem Werk die Freiheit läßt, sich erst voll durch den Zuschauer zu realisieren. Mehr noch: Die gesamte Beweislast liegt beim Zuschauer. Wird die Groteske zur Satire, dann geht der satirische Impuls von ihm aus. Das ist die Konsequenz aus einer Dramaturgie des wissenschaftlichen Zeitalters. Wie der Mensch aber, der auf der Bühne seiner Verantwortung beraubt ist, in der „Masse" (XXIV, 64) des Zuschauers sich wieder individualisieren und zum autonomen Wesen werden soll, muß Dürrenmatt verschweigen.[146] Daß das, was alle angeht, auch alle lösen müssen, jene These zu *Die Physiker*, die zum Stück in radikalem Widerspruch steht, klingt denn doch zu übermütig.

## 7.6
### Die „Dramaturgie des wissenschaftlichen Zeitalters"

Hans Mayer hat deshalb Dürrenmatts Verhältnis zur Dramaturgie Brechts als „Zurücknahme"[147] gedeutet.

Brechts Helden können zwar in sich widersprüchlich und gebrochen sein, sie bleiben aber Helden, weil sie Subjekte der Geschichte sind und potentiell verantwortungsvoll in den geschichtlichen Prozeß eingreifen können.

Dies setzt voraus, daß die Geschichte ein überschaubarer Bereich und die Herrschaftsverhältnisse analytisch zu durchdringen sind.

Die zentrale Rolle im Veränderungsprozeß kommt deshalb der Naturwissenschaft zu. Als „soziale Großmacht" analysiert sie nicht nur, sondern treibt die Geschichte entscheidend voran. Fehler der Technik lassen sich korrigieren und bewältigen.

Das Drama demonstriert den Antagonismus der Klassengesellschaft, weshalb der Zufall als diabolische Verkörperung des antiken Schicksals aus dem Feld geschlagen werden muß.[148]

Brecht konzipiert vom Zuschauer her, er läßt ihm nicht die

Freiheit des Entschlusses, trotz scheinbar offener Dramenschlüsse.

Der Zuschauer ist deshalb auch soziologisch bestimmbar, in erster Linie Repräsentant seiner Klasse, die zum Handeln aktiviert werden soll.[149]

Das entscheidende Element folglich, das die Divergenz der beiden Dramaturgien bestimmt, ist die Rolle des Zufalls. Deshalb polemisiert Dürrenmatt gegen Brecht so, daß er nicht seine Dramaturgie, sondern deren Grundlagen anzugreifen bestrebt ist. Er stellt Brechts Wissenschaftsverständnis in Frage: „Die Frage ist nur, ob Brecht diesen Menschen und damit dessen Gesellschaft und ob er überhaupt die Wissenschaft richtig konzipierte" (XXIV, 112). Sein Ziel ist es, Brecht den Anspruch streitig zu machen, allein eine „Dramaturgie des wissenschaftlichen Zeitalters" zu vertreten: „Nur ihren Anspruch möchte ich zurückweisen, *die* Dramaturgie des wissenschaftlichen Zeitalters zu sein. Sie hat keine Beweiskraft, sondern nur eine Demonstrationsfähigkeit. Sie kann propagieren, das ist alles, was sie ihrer Methode verdankt." Da sie aber Propaganda ist, ist sie antiaufklärerisch und „gehört mehr dem dogmatischen Zeitalter an" (XXIV, 92). Dürrenmatt pointiert den Kontrast zu Brecht derart, daß er dessen Dogmatismus in unauflösbaren Gegensatz zum „Humanen" (XXIV, 98) stellt. Womit Brecht die Berechtigung überhaupt, sich als Repräsentant des naturwissenschaftlichen Zeitalters auszugeben, abgesprochen wird.[150]

# 8
## Stilformen des Grotesken

### 8.1
### Das Groteske

Das Groteske soll das Medium sein, in dem die gegen Brecht gerichtete undogmatische, an den modernen Naturwissenschaften orientierte Erkenntnisweise Gestalt gewinnen soll. Formal läßt sich das Groteske mit den bekannten Attributen beschreiben: Es reißt in monströser Übertreibung Dinge und Menschen aus ihrem ursprünglichen Seinszusammenhang, vermengt die Seinsbereiche und entfremdet durch diesen Zusammenprall des Heterogenen die vertraute Welt.[151] Zunächst eine Kategorie der Malerei und nach den *„grotte"* antiker Paläste benannt, bezeichnet es die dort entdeckten ornamentalen Malereien, in denen Menschliches, Tierisches und Pflanzenhaftes zu einem Ganzen verbunden sind.

In der poetologischen Besinnung der fünfziger Jahre weitet sich der Begriff zu einer komplexen Kategorie aus. Dürrenmatt unterscheidet zwischen dem bloß Schauerlichen und Irrationalen eines romantischen Grotesken, „das Furcht oder absonderliche Gefühle erweckt (etwa indem es ein Gespenst erscheinen läßt)", und dem Grotesken „eben der Distanz zuliebe, die *nur* durch dieses Mittel zu schaffen ist" (XXIV, 24). Wesenhaft ist dieses Groteske der Komödie zugeordnet und deren Medium, der Welt beizukommen:

> „Unsere Welt hat ebenso zur Groteske geführt wie zur Atombombe, wie ja die Bilder des Hieronymus Bosch auch grotesk sind. Doch das Groteske ist nur ein sinnlicher Ausdruck, ein sinnliches Paradox, die Gestalt nämlich einer ungestalteten, das Gesicht einer gesichtslosen Welt (...)" (XXIV, 62)

Daraus ergibt sich,[152]

daß Kaysers Grundbestimmung, so umstritten seine historischen Ableitungen und begrifflichen Unschärfen auch sonst sein mögen, Dürrenmatts Intention erfaßt; daß das Groteske sich als eine „Strukturpotenz erweist, deren Gestaltungsweise auf eine Verkehrung der unsere Tageswelt ordnenden Kategorien aus ist und deren Sinngehalt in der Entfremdung der Welt liegt";[153]

daß das Groteske eine Grundstruktur umfaßt, in der ein spezifischer Funktionszusammenhang zwischen Welt, Werk und Zuschauer hergestellt werden soll;

daß es als die noch gültige poetische Kategorie betrachtet wird, die eine kategorienlose Welt nicht ins Absurde abdriften läßt, sondern in ein Bild bannt, mithin „Gegenwart sichtbar und erfahrbar" macht, „wo vorgegebene Orientierungen ausbleiben oder sich als scheinhaft offenbaren";[154]

daß das Groteske ein Mittel der Objektivierung ist, daß es, offensichtlich im Verbund mit dem aggressiven Einfall, den Schein der Wirklichkeit aufdeckt (vgl. XXIV, 25);

daß das Wesen der grotesken Wirkung die Verlegenheit, nicht die Überlegenheit des Zuschauers anzielt – die Parabel verlangt eine vorgängige Normorientierung des Zuschauers – und Lachen und Grauen so miteinander verquickt, daß eine fundamentale, existentielle Erschütterung sich ereignet, die ein neues Pathos schafft;[155]

daß das Groteske der Verfremdungsmethode des Thesenstücks entgegengesetzt ist, weil der Stoff seiner eigenen Dynamik und Logik überlassen bleibt;

daß der Einfall des Zufalls, der die Planung des Menschen zerstört, die Bedingung des Grotesken erfüllt;

daß die Figuren (abgesehen von der alten Dame) nicht aus sich selbst heraus grotesk sind, sondern in der Konfrontation mit der sich vollziehenden Handlung: In der Weise, wie der mediokre Ill vom Geschehen überfahren wird, verliert er die komischen Züge, über die der Zuschauer in der Überlegenheit seines gesicherten Standpunktes sein Lachen ausschütten könnte. Er kann aber auch nicht zur tragischen Figur werden, weil sein Tod „sinnvoll und sinnlos zugleich", also paradox ist. Grauen erfaßt den Zuschauer, weil er in der Überrumpelung des Helden auf sein eigenes paradoxes Wirklichkeitsverhältnis gestoßen wird.

## 8.2
### Sprache und Ideologie

Insofern die Geschichte eines dramatischen Stoffes mit dem Einfall beginnt, dominiert in Dürrenmatts Doppelbegabung die des Malers über die des Schriftstellers. Das im vorsprachlichen Bereich als Bild Konzipierte muß Gedanke, Gestalt und Sprache werden: „Ich zähle zu den Gedankenschlossern und -konstrukteuren, die Mühe haben, mit den Einfällen fertig zu werden, (...) zu jenen Schriftstellern, die nicht von der Sprache herkommen, die sich vielmehr mühsam zur Sprache bringen müssen." Die Versprachlichung des Einfalls wird als Entfremdung der ursprünglichen Bildhaftigkeit, als Umformung und Verformung, als Anpassung an die Sprache erfahren.[156] Zu dieser persönlichen Sprachproblematik tritt eine überindividuelle hinzu: Dürrenmatts Ideologiekritik muß zugleich eine Sprachkritik sein; denn nur das Dogma kann das Wort wörtlich nehmen und eine direkte Entsprechung von Sprache und Wirklichkeit, Sprache und Wahrheit behaupten. „Diese Gefahr der Sprache, sich zu mißbrauchen, droht jeder Sprache, vor allem jener der Ideologie (...)" (XXIX, 103). Dürrenmatt bezieht sich auf die moderne Physik, um plausibel zu machen, daß der Bezug zwischen Sprache und gemeinter Sache verlorengegangen ist:

„Bei Albert Einstein kommt das Nichtmenschliche zur Sprache, das Kosmische, doch so, daß es seinem Wesen nach nur Sprache sein kann, denn die Welt außer uns, die Einstein meint, ist auch außerhalb des Bildes, das wir von ihr machen, sie ist nicht mehr anschaulich, nur noch Sprache, mathematische Sprache und nicht mehr in eine andere Sprache übersetzbar." (XXIX, 108)

Aus diesem Zerfall von Bild und Aussage ergibt sich nur die Alternative, zu schweigen oder sich auf den innersprachlichen Sinn der Sprache zu beschränken: „Nur der kapituliert nicht, der den Glauben an die Sprache als Aberglauben durchschaut. Die unerbittliche Grenze des Menschen kerkert ihn nicht ein, sondern weist ihn nur zurecht, nicht das Unmögliche zu wollen, einen Sinn außerhalb der Sprache zu konzipieren" (XXIX, 108). Der Sinn der Dürrenmattschen Sprachspiele ist nicht im Versuch begründet, eine realistische Sprache zu entwerfen, die trotz allem „die Sprache und ihre Möglichkeiten" „erweitern" will, „daß ‚mehr' Realität in sie hineingeht",[157] sondern sich mit der Entlarvung der Sprachformen begnügt, die eine Identität von Sprache und Sache suggerieren und Gefahr laufen, ins „Kultische" (XXIX, 103) zurückzusinken.

## 8.3
### Die Sprache des Kollektivs

*Chorisches Sprechen.* Aus der Logik des Stücks folgt, daß der 3. Akt in eine Chorparodie einmünden muß: denn das Sprechen der Güllener vollzieht sich von Anfang an im Chor, den gelegentlich die Stimmen der Repräsentanten übertönen:

> DER ERSTE Die ‚Gudrun', Hamburg–Neapel.
> DER ZWEITE Um elfuhrsiebenundzwanzig kommt der ‚Rasende Roland', Venedig–Stockholm.
> DER DRITTE Das einzige Vergnügen, das wir noch haben: Zügen nachschauen.
> DER VIERTE Vor fünf Jahren hielten die ‚Gudrun' und der ‚Rasende Roland' in Güllen. Dazu noch der ‚Diplomat' und die ‚Lorelei', alles Expreßzüge von Bedeutung.
> DER ERSTE Von Weltbedeutung." (13 f.)

Neben-einander-Sprechen nennt Syberberg diesen „harmonischen" Dialog[158] der kollektiven Aussage, die elliptisch auf das Minimum des Satzgerüstes reduziert ist. Da Variation auf ein Thema, das des Bankrotts, könnte alles auch von einer Figur gesagt werden. Die chorische Harmonie unterstellt eine Harmonie gesellschaftlicher Einstimmigkeit; sie unterstellt sie, weil nur das gemeinsame finanzielle Interesse den Schein des Konsenses herstellt. Statt von Kongruenz[159] muß von Uniformität gesprochen werden. Der uniforme Dialog bewegt nichts, weil ihm das Bewegende der Dialektik ausgetrieben ist. Ein Stichwort ergibt eine Kettenreaktion von gleichstimmigen Assoziationen, ohne daß der Sinn des Dialogtypus, der zum Vorbild dient, nämlich der Stichomythie,[160] erfüllt würde. Die Stichomythie setzt in verknappter, oft sentenzartiger Form die Argumentation von Protagonist und Antagonist zum Zweck der Klärung der Standpunkte und des Versuchs der gegenseitigen Überzeugung gegeneinander. Die Figuren hier brauchen sich nichts zu beweisen, allenfalls sich sprachlich zu präzisieren („Leben? – Vegetieren – Krepieren", 14), durch die Klimax dem gemeinsamen Bewußtsein drastischeren Ausdruck zu geben. Deshalb sagen die Figuren nicht nur dasselbe, sondern setzen den Sprechtext der anderen auch syntaktisch fort:[161]

DER MALER Der D-Zug!
DER ERSTE Hält!
DER ZWEITE In Güllen!
DER DRITTE Im verarmtesten –
DER VIERTE lausigsten –
DER ERSTE erbärmlichsten Nest der Strecke Venedig–Stockholm!" (21)

Das Sprechen zeigt schon, daß das Angebot der alten Dame auf ein Bewußtsein trifft, das ihr ein gefügiges Instrument sein wird, so daß sich das Problem eines Pro und Contra gar nicht erst ergeben wird.

*Reduplizierung.* Weil keiner für sich selbst einsteht, treten Sprechanteile verdoppelt oder gehäuft auf. Urs Jenny bemerkte die auffällige Häufung der Zweizahl im Stück:[162] zwei Kastraten, zwei Mörder, zwei Bahnhofsszenen, zwei Tribunalszenen, zwei Begegnungen im Konradsweilerwald, die zweifache Abstimmung über Ills Tod. Die beiden Kastraten etwa sprechen ausschließlich in der Form der *geminatio.* Die Häufung unterstützen Anapher, Alliteration und Rhythmisierung (vierfüßiger Trochäus, das Metrum der Schicksalstragödie!):

„DER ERSTE Wir sind Fichten, Föhren, Buchen.
DER ZWEITE Wir sind dunkelgrüne Tannen.
DER DRITTE Moos und Flechten, Efeudickicht.
DER VIERTE Unterholz und Fuchsgeheg." (35)

Die Abstimmung geht so vor sich, daß der zu beschwörende Wert um der eigenen Selbstvergewisserung willen wiederholt werden muß: „Nicht des Geldes – sondern der Gerechtigkeit wegen – sondern der Gerechtigkeit wegen – und aus Gewissensnot – und aus Gewissensnot" (124 f.). Aus dieser Antiphon erhellt, was Dürrenmatt mit dem Rückfall der Sprache ins Kultische gemeint hat. Die Litanei sich reproduzierender Kola wird zum Ritual einer schwarzen Messe. Nur eben einmal zerstört Ill das Stereotyp der Wiederholung: Wenn ihn die Güllener verurteilt haben, bricht aus ihm die nicht wiederholbare Erschütterung[163] angesichts eines nicht wiederholbaren, verlorenen Lebens heraus: „Mein Gott!" (125).

*Ambivalenz.* Trotz der Stagnation fehlt dem Dialog nicht die Gespanntheit. Nur resultiert diese nicht aus dem Handlungsziel, sondern aus der Doppelbödigkeit des sprachlichen Gestus: Die traditionelle horizontale Spannung auf ein dramatisches Handeln ist abgelöst durch eine immanente vertikale Spannung in der Sprache selbst, in der Korrelation von Sprache, Geste und Requisit, in der Korrelation von Bühnendialog und Zuschauerrezeption.[164] Über die sprechenden Figuren und ihr Bewußtsein hinweg verständigen sich Autor und Zuschauer über das falsche Bewußtsein der Sprechenden und das Ziel des Geschehens. „Klara liebte die Gerechtigkeit" (19), heißt es schon vor dem Erscheinen der alten Dame; „schon ein mißglückter Empfang am Bahnhof kann alles verteufeln" (20), weiß Ill, ohne zu wissen; „die Notbremse zieht man nie in diesem Lande, auch wenn man in Not ist" (22), stellt der Zugführer fest und nimmt das Ende vorweg. Durch diese Vorausdeutungen, die durch Doppeldeutigkeit entstehen, begibt sich der Zuschauer in den hermeneutischen Zirkel der Entlarvung und der Konstitution des dramatischen Ziels. Dasselbe gilt für die Dialogformen der Ladenszenen. Die auf den ersten Blick inhaltsleere Konversation steckt voller Todessignale. Aufdeckend wirkt die Dissonanz zwischen trivialem Einkaufsgeschwätz und der hochdramatischen Damoklessituation, in der sich die Güllener befinden. Aus dem Lebensmitteleinkauf ist eine retardierende Tortur geworden, bei der die Kunden als Henker die Henkersmahlzeit auf Kosten des Opfers verschmausen und dabei sprechen, als sei ihnen das Henken alltägliche Gewohnheit: „Wirst im Frühling zum Bürgermeister gewählt. – Todsicher. – Todsicher, Herr Ill, todsicher. – Schnaps" (57).

*Rhetorisierung.* Die Sprache ermöglicht den Güllenern, sich hinter der Uniformiertheit zurückzuziehen. Dies System funktioniert, weil keine Kongruenz von Zeichen und Bedeutung existiert. Das Kapital hat die Sprache mit einem universalen Nominalismus infiziert. Von Beginn an wird die Rhetorik in den Dienst am Zweck gestellt. Bei der Konzeption der Begrüßungsrede des Bürgermeisters erlebt der Zuschauer die sprachliche Lüge *in statu nascendi.* Der Bürgermeister klaubt aus der kümmerlichen Vergangenheit Kläri Wäschers „einige Details" (18), um die Versatzstücke zu einer Laudatio zusammenzufügen, in der eine neue Wirklichkeit hergestellt wird, indem sie das störende, unsentimentale Detail unterschlägt (vgl. 19). Mit den Mitteln der Sprache soll das Wilde, Unberechenbare der alten Dame gefügig und verfügbar gemacht werden.

Deshalb steht schon die entrüstete Ablehnung des Milliardenangebots durch denselben Bürgermeister unter dem Verdacht, nur vom rhetorischen Pathos diktiert zu sein: „Frau Zachanassian: Noch sind wir in Europa, noch sind wir keine Heiden. Ich lehne im Namen der Stadt Güllen das Angebot ab. Im Namen der Menschlichkeit. Lieber bleiben wir arm denn blutbefleckt" (50). Anapher und Parallelismus, verkrampfter hoher Stil (veralteter Komparativ mit „denn"), Hochwertwörter („Menschlichkeit") und die Verquickung von humanistischem Vokabular mit Amtsdeutsch („im Namen der Stadt Güllen") verraten den Sprecher.[165] Es bedarf keiner Revolution der Moral, denn die Begriffe bleiben dieselben. Das Bewußtseinsdrama ist ein Drama des Begriffsnominalismus, eine progressive Abstrahierung der Begriffe vom konkreten Leben, dergestalt, daß am Ende der Mord getrost Gerechtigkeit genannt werden kann. Je höher der Wert auf der Wertskala angesiedelt ist, um so mehr verliert er an Realitätsgehalt und gewinnt er an Polysemie. Wie den Begriff der Gerechtigkeit haben die Güllener auch den der Liebe sukzessiv pervertiert:

„Pressemann I Claire Zachanassian begreift, verzichtet auf ihre stille, edle Art, und Sie heiraten –
Frau Ill Aus Liebe.
Die anderen Güllener *erleichtert* Aus Liebe.
Pressemann I Aus Liebe." (97)

Jeder Sprecher akzentuiert eine andere Bedeutungsschicht des Wortes. Frau Ill nimmt die Gelegenheit zu einem öffentlichen Bekenntnis wahr, die Güllener wiederholen es und lügen, weil sie die Heiratsmotive Ills vor der Öffentlichkeit verstellen wollen, und der Reporter der Regenbogenpresse protokolliert und verfälscht das Bekenntnis zum Sprachklischee. Die Verfälschung ist möglich, weil der Ausgangspunkt Fiktion ist: Claire hat nicht verzichtet und keine stille Größe bewiesen. Die Begriffe Winckelmanns aber sollen der Krämerehe antike Größe zuweisen. Der ganze Vorgang belegt, daß Tragödien nur noch in den Klatschspalten gespielt werden. Ob also Begriffe der Aufklärung, des Humanismus oder des Christentums verwandt werden, sie alle sind verwechselbar, weil die Strategie der Güllener eine reine Sprachstrategie ist, die auf der Polysemie der hohen Worte aufbaut.

Die Rede des Lehrers sodann, die der des Bürgermeisters entspricht, verstellt die Wirklichkeit vor der Weltöffentlichkeit so, daß ihr kein Maßstab mehr anzulegen möglich ist. Als Gerichtsrede mit dem Zweck der Überzeugung der gegnerischen Partei getarnt, ratifiziert sie den längst feststehenden Mord an Ill. Schulmäßig aufgebaut in *exordium* (Frau Zachanassians Ziel ist die Wiederherstellung der Gerechtigkeit), *narratio* (Ill hat sich des Rufmordes und des Meineides schuldig gemacht), *refutatio* („es geht nicht um Geld") und *peroratio* (rottet das Böse aus aus eurer Mitte),[166] fingiert die Rede, wo es doch nichts zu beweisen und nichts zu widerlegen gibt, gegnerische Argumente, um sie in einer Spiegelfechterei zu widerlegen. Das Thema der *refutatio* heißt deshalb: Es geht nicht um Geld, sondern um Freiheit und Gerechtigkeit. Diese Fiktion ermöglicht dem Lehrer, im gewohnten Sprachschatz zu verbleiben, um mit idealistischer (christlicher und humanistischer) Wortgebärde materialistische Haltungen zu verurteilen: „Reichtum hat allein dann Sinn, wenn aus ihm Reichtum an Gnade entsteht. Begnadet aber ist nur, wer nach der Gnade hungert. Habt ihr diesen Hunger, Güllener, diesen Hunger des Geistes, und nicht nur den anderen, den profanen, den Hunger des Leibes?" Der Sprachduktus ist biblisch, zitiert die Bergpredigt mit ihren Seligpreisungen auf den Hunger und Durst nach Gerechtigkeit und die paulinische Theologie (Dualismus von „Geist" und „Leib", Rechtfertigungslehre) und entlarvt sich nur durch die Verfälschung der Seligpreisung, in der eben nicht vom Hunger nach Gnade (die die Güllener dringend nötig haben), sondern vom Hunger nach Gerechtigkeit die Rede ist. Die Stichwortassoziation, durch die der Lehrer vom einen Begriff auf den anderen geführt wird, einer biblischen *concatenatio* nachgebildet und beliebter Predigerbrauch, unterstreicht, daß die Rede kein Fundament in der Sache hat. Sie hangelt sich gleichsam von einem Versatzstück zum nächsten.

Das zentrale, immer wiederholte Wortfeld ist das der Menschenrechtsdiskussion des achtzehnten Jahrhunderts (Gerechtigkeit, Freiheit), kombiniert mit denen der Religion (Gnade und Nächstenliebe). Die Begriffe allein können nicht mehr verraten, was gemeint ist. Erst die Kombination enthüllt den Trug; denn Gerechtigkeit einerseits und Gnade und Liebe andererseits schließen sich aus. Durch die Kombination werden die Werte der Aufklärung ebenso verfälscht wie die des Christentums. Ganz abgesehen davon, daß Begriffe des Wirtschaftslebens („Reichtum") mit denen der Theologie („Gnade") in einem Oxymoron zusammengezwungen werden. Es steht fest, daß der Lehrer, die letzte Bastion des aufgeklärten Humanismus, ins Lager der Gegenaufklärung konvertiert ist. Seine Rede klärt nicht auf, sondern stellt strategisch Dunkel her, um den Sachverhalt hinterm Prunk der Vokabeln zu verschweigen. Hinter rhetorischen Fragen und Leerformeln („daß Frau Zachanassian mit dieser Schenkung etwas Bestimmtes will. Was ist dieses Bestimmte?") verbirgt sie, was das Gegenteil der Gerechtigkeit ist, von der sie spricht.

Nur mit einem Wort verrät sich der Redner unmittelbar. Er hat zwar das Arsenal der rhetorischen Tropen und Figuren ausgiebig geplündert (es wimmelt nur so von Alliterationen, Anaphern, Parallelismen, Wiederholungen, Archaismen, Wortspielen und Sentenzen)[167], aber er hat nicht auf das Attribut geachtet. Seine Rede bleibt verblüffend attributenarm. Um so schwerer fällt das Attribut ins Gewicht, das nur deshalb nicht auffällt, weil es redensartlich verbraucht ist: „Mit unseren Idealen müssen wir nun eben in Gottes Namen Ernst machen, blutigen Ernst" (121).

*Das Schweigen.* Ills Kampf ums Leben ist in erster Linie ein Kampf gegen diese Sprachstrategie seiner Gegner. Ill, der sich im 1. Akt ganz der öffentlichen Meinung angeschmiegt hatte und unter den ersten war, die diese Taktik entwickelten, versuchte im 2. Akt vergeblich, sich aus diesem System mit Worten zu befreien: „Wenn ich rede, habe ich noch eine Chance, davonzukommen" (71). Alle seine Verhandlungen verlaufen aber nach demselben Schema der Vergeblichkeit: Ill überfällt seine Gesprächspartner mit der wörtlichen Benennung des Delikts, während diese (der Polizist, der Bürgermeister, der Pfarrer) es in aller Gelassenheit umbenennen. Sie benutzen juristische oder theologische Terminologie, um das Delikt euphemistisch zu umschreiben: So wird aus „Anstiftung zum Mord" (62, Ill) „Verleumdung" (71, Bürgermeister), aus der Furcht vor der Bestie im Menschen (vgl. 73, Ill) die Furcht als Ergebnis der „Sünde" (74, Pfarrer). Ihre besondere Wirkung erzielen alle diese Appellationsgespräche durch die raffinierte Verhaltens- und Sprachtechnik der Ordnungsvertreter: Die Grenze zur Illegalität wird (noch) nirgends überschritten. Amoralisch ist ihr Verhalten lediglich vor einer Instanz, die in dieser Welt außer Kraft gesetzt ist. Der Aufstand Ills

scheitert jeweils an der vernichtenden Fachlogik der anderen, gegen die sich die alogische Angst nicht artikulieren kann:[168]
> ILL Der Vorschlag *bedroht* mich, Polizeiwachtmeister, ob die Dame nun verrückt ist oder nicht. Das ist doch logisch.
> DER POLIZIST Unlogisch. Sie können nicht durch einen Vorschlag bedroht werden, sondern nur durch das Ausführen eines Vorschlags." (63)

Der Dialog beweist, daß die formale Logik die Ungeheuerlichkeit der Wirklichkeit mit ihrer existentiellen Logik nicht trifft und reine Sprachakrobatik betreibt. Der Dialog kann deshalb keine Dialektik von Argumentation und Gegenargumentation entfalten, sondern nur stumpf gegeneinanderreden. Ills Redeanteile werden immer knapper und ökonomischer eingesetzt, während sich die der anderen zu kompletten Apologien auswachsen.

Schließlich weicht Ill ins Nonverbale zurück. Er beruft sich auf die Zeichenkraft der Dinge;[169] aber auch die Zeichen, die der Wirklichkeit entstammen, haben ihren Ausdruckswert verloren, und das Aneinandervorbeireden verläuft im Sinnlosen:
> „DER POLIZIST Was Sie nur gegen neue Schuhe haben? Ich trage schließlich auch neue Schuhe. *Er zeigt seine Füße.*
> ILL Auch Sie.
> DER POLIZIST Sehn Sie.
> ILL Auch gelbe. Und trinken Pilsener Bier.
> DER POLIZIST Es schmeckt." (64)

Am Ende verzichtet Ill auch noch auf Pantomime und nimmt sich ganz ins Schweigen zurück. Sein Entschluß, die Güllener mit in sein Unglück zu ziehen, reift wortlos in ihm. Sein Tod ist eine einzige Aposiopese, die Kapitulation der Sprache vor der Ideologie.

## 8.4
### Die Sprache der alten Dame

*Entrhetorisierung.* Man wird in Claire Zachanassians Sprache kaum eine Hypotaxe entdecken können. Sie ist aufs äußerste skelettiert: Ellipsen, einfache Hauptsätze oder, wenn rhetorischer Aufwand betrieben wird, Parataxen kennzeichnen ihr lakonisches Wesen. Ihre Satzfragmente sind so stilisiert wie ihre synthetische Körperlichkeit. Des rhetorischen Schmucks beraubt, stehen sie im Dienst der Informationsvermittlung. Überredungsstrategien zu entwickeln hat sie nicht nötig, weil die Milliarde für sie spricht. Die ökonomisch eingesetzten Mittel funktionieren wie die finanziellen Transaktionen. Ihr imperativisches Sprechen kennt keine Hindernisse und bedarf keines Ausrufungszeichens, weil der Satz durch sich befiehlt. Ihr allein gehört das handlungsbestimmende Sprechen. Wie Geschosse fallen ihre Sprachpartikel in die geschwätzige Welt der Güllener. Der Imperativ kann sich hinter der unheilschwangeren Feststellung verbergen: „Ich warte" (50).

Die gewollte und manieristische Spracharmut der Zachanassian steht unvermittelt neben dem rhetorischen Sprachverschleiß der Güllener Repräsentanten an den dramatischen Gelenkstellen. Ihre einzige „Rede", die Antwort auf die Begrüßungsrede des Bürgermeisters, besteht aus zwei Aussagen: der Richtigstellung seiner Geschichtsverfälschung („Ich war zwar ein anderes Kind, als ich nun in der Rede des Bürgermeisters vorkomme ...") und dem Milliardenangebot (44). Mit diesen beiden Akten hat sich die Funktion ihrer Sprache auch schon erschöpft: Entlarvung zu bewirken und Knalleffekte zu setzen.

*Sprachkritik.* Entlarvend wirkt ihre Sprache vor allem da, wo die anderen Unmittelbarkeit simulieren. Wenn Gatte VIII in Stilarabesken verfällt und vom Balkon aus das Stimmungsbild eines Heimatfilms entwirft – „Hopsi, ist es nicht wundervoll: unser erstes Frühstück als Jungverlobte. Wie ein Traum. Ein kleiner Balkon, eine rauschende Linde, ein plätschernder Rathausbrunnen (...)" –, heißt Claires Replik: „Setz dich, Hoby, rede nicht. Die Landschaft seh ich selber, und Gedanken sind nicht deine Stärke" (58). Die alte Dame macht die Probe aufs Exempel der Dürrenmattschen Sprachtheorie: Das Wort, ein Ensemble von verbrauchten Klischees, malt nicht mehr das ursprüngliche Bild der Natur, sondern das filmisch vermittelte. Mitteilung ist deshalb unsinnig. Dabei hatte die Milliardärin selbst, vor ihren eigenen Worten auf der Hut, sich an einer Landschaftsmalerei in Worten versucht, die Naturpoesie, der sie zu verfallen drohte, aber noch im Sprechen korrigiert und durch Stilbrüche von sich distanziert:

„Ein schöner Herbstmorgen. Leichter Nebel in den Gassen, ein silbriger Hauch, und darüber ein veilchenblauer Himmel, wie ihn Graf

Holk pinselte, mein dritter, der Außenminister. Beschäftigte sich mit Malerei in den Ferien. Sie war scheußlich." (55)

Die Sprachentfremdung betrifft das Naturverhältnis wie die zwischenmenschlichen Beziehungen. Auch hier wirkt Claires Wort als Katalysator. Die Dialoge der beiden Protagonisten verlaufen von der ersten Begegnung an divergierend: Ill hängt der veralteten Vorstellungswelt der einstigen Liebesgeschichte an, Claire urteilt von der Position der Gegenwart aus. Indem sie das Pathos der Vergangenheit mit der Realität der Gegenwart konfrontiert,[170] relativiert sie die Bilder und nimmt ihnen ihren emotionalen Gehalt:

> „ILL Mein Wildkätzchen.
> CLAIRE ZACHANASSIAN Ich nannte dich: mein schwarzer Panther.
> ILL Der bin ich noch.
> CLAIRE ZACHANASSIAN Unsinn. Du bist fett geworden. Und grau und versoffen.
> ILL Doch *du* bist die gleiche geblieben. Zauberhexchen.
> CLAIRE ZACHANASSIAN Ach was. Auch ich bin alt geworden und fett. Dazu ist mein linkes Bein hin." (26)

Genau betrachtet, treffen in diesem Dialog zwei Schauspieler aufeinander. Ill schauspielert Zeitaufhebung, um noch einmal einen klassischen Liebesdialog inszenieren zu können; Claire kontert ebenfalls mit Schauspielerei, indem sie das Gespräch provoziert, mit dem Ziel, die Klischees zu entlarven. Diese provokatorische Sprachkritik orientiert sich an Karl Kraus' Programm, „die Welt beim Wort zu nehmen" (XXIV, 40). Deshalb nimmt Claire die Worte ihrer Gesprächspartner litaneiartig auf, stellt sie in einen neuen Sinnzusammenhang und entwertet so ihren affektischen Gehalt. Ihre Begriffslitaneien sind das Äquivalent des Vergeltungsrechtes, dessen Vertreterin sie ist:

> „ILL Dir gehört die Zukunft.
> CLAIRE ZACHANASSIAN Nun ist die Zukunft gekommen. (...)
> ILL Ich lebe in einer Hölle.
> CLAIRE ZACHANASSIAN Und ich bin die Hölle geworden." (37 f.)

*Ironie.* Ihre Stilbrüche dienen keineswegs nur dem Zweck, einer gebrochenen, von Natur aus heterogenen Figur mit dubioser Vergangenheit Plastizität zu verleihen, sondern dem Ziel, die scheinhafte Ordnung und Harmonie des Städtchens aufzubrechen und in ihre eigene Disharmonie hineinzuziehen. Das Funktionsdeutsch des Schaffners, das seiner Beschränktheit Sicherheit verleiht, wird mit einem „Schafskopf" (23) quittiert; der moralischen Standortanalyse des Lehrers („zarte Keime der Humanität", „unsere Heimaterde", „unsere Kulturblüte") begegnet sie mit ihrem: „ließ den Plunder aufkaufen" (88 f.), seiner Tragödiensprache („Sie sind ein verletztes liebendes Weib") mit der Sprache der nackten Tatsachen: „Die Welt machte mich zu einer Hure" (90 f.).

Die Destruktion der ideologisierten Sprache durch den Lakonismus und Barbarismus scheint aber nichts zu bewirken. Die Gülleners lernen nichts, im Gegenteil: ihr Sprachniveau wird mit wachsendem Wohlstand immer affektierter und manierierter. Ills Tochter wirft mit englischen und französischen Angeberfloskeln um sich (vgl. 100), sie nimmt Natur als Literatur wahr („eine Stimmung wie bei Stifter", 111), und im Schlußchor werfen sich die Güllener ein Sprachkleid um, dessen von Hölderlin geborgte Fetzen im schrillen Kontrast zur besungenen Welt des Glamour stehen. Hoher Stil und moralische Verlogenheit entsprechen sich: „Es gibt keinen Stil mehr, sondern nur noch Stile (...)" (XXIV, 41 f.).

Nur Ill scheint von der Sprachkritik gelernt zu haben. Nach seinem Entscheidungskampf zum zweiten Mal im Konradsweilerwald, läßt er sich auf die Sprache der Neutralität und der verlorenen Illusionen ein:

> „Claire Zachanassian Ich will (...) die Vergangenheit ändern, indem ich dich vernichte.
> Ill Ich danke dir für die Kränze, die Chrysanthemen und Rosen."
> (117 f.)

Keine Schauspielerei mehr, keine sentimentale Heuchelei, sondern absolute Distanz auch dem eigenen Sterben gegenüber: Zum ersten Mal entsteht der Dialog aus einer gemeinsamen Perspektive, die im eigentlichen Sinne grotesk genannt werden kann, weil er ganz einer Gegenwelt angehört, in der das Menschenunmögliche einer neutralen Weltbetrachtung Wirklichkeit geworden ist.

Falsch wäre es, aus der sprachkritischen Funktion Claires den Umkehrschluß zu ziehen, daß der deformierten Sprache eine heile entgegengesetzt würde. Wenn Claire den Schein der

Sprachsicherheit zerstört, hat sie den Güllenern lediglich das Sprachbewußtsein voraus. Ihr Lakonismus, ihre zerfallenden Satzpartikel, alle Formen der *detractio* (Ellipse, Anakoluth, Aposiopese), ihre Barbarismen, ihr ironisches Spiel mit der Sprache bezeugen, daß auch in ihrer Prothesen-Sprache kein Leben mehr wohnt. Die einzelnen Mosaiksteine müssen mühsam zu Miniaturen zusammengesetzt werden; und umgekehrt werden sprachliche Einheiten so zerfällt, daß das Bewußtsein der Ganzheit verlorengeht: „Zachanassians Lieblingsstück. Er wollte es immer hören. Jeden Morgen. Er war ein klassischer Mann (...)" (54). Spricht Claire einmal in längeren Kola, nimmt die Dynamik des Satzes mit seinem Anwachsen ab, so als nehme sie alle Kraft zusammen, die am Ende mit den schwindenden, durch die Pausen der Kommata getrennten Glieder ausgeht: „Ich will doch einmal die Sorte meines siebenten Gatten probieren, jetzt wo er geschieden ist, der arme Moby, mit seiner Fischleidenschaft" (55). Von einer gewissen Signifikanz ist auch die Häufung der Hyperbata, die Trennung syntaktisch zusammengehöriger Wörter: Vor allem die Adverbien und adverbialen Bestimmungen fallen aus der Satzklammer heraus und hinken nach: „Es war Winter, einst, als ich dieses Städtchen verließ, im Matrosenanzug, mit roten Zöpfen, hochschwanger (...)" (90); „Du wolltest, daß die Zeit aufgehoben würde, eben, im Wald unserer Jugend, voll Vergänglichkeit" (49).

# Unterrichtshilfen

## 1
### Didaktische Aspekte

Dreißig Jahre, nachdem *Der Besuch der alten Dame* wie eine Bombe in die Theaterwelt einfiel, ist Dürrenmatt „aus den Spielplänen unserer Theater verschwunden, dafür aber in die Lehr- und Stoffpläne unserer Schulen eingedrungen".[171] Dürrenmatts Drama ist von sich aus schon didaktisch, weil es reduziert und mit Hilfe des Einfalls seine Demonstration auf das Wesentliche komprimiert. Der Einfall vermag auch heute noch zu zünden.

Durch die Reduktion zieht Dürrenmatt freilich einen Graben zwischen Bühne und Welt, der nicht vorschnell übersprungen werden darf. Seine Werke sind deshalb in besonderer Weise geeignet, die Eigengesetzlichkeit einer Werkfiktion zu zeigen. Schon in der Sekundarstufe I kann so darauf hingearbeitet werden, daß falsche Identifikation mit der Eigenwelt eines Sprachwerks verhindert wird.

Dürrenmatts Drama läßt durch das Distanzverhältnis zur Wirklichkeit einen Auslegungsspielraum, der vor der Verfestigung von Denk- und Rezeptionsmodellen, vor der Fixierung von Ideologien bewahrt. Der perspektivische, „offene" Text kommt den Lernzielen neuerer Didaktik entgegen, weil er den Adressaten als aktiven, flexiblen Partner eines Kommunikationsgeschehens einbezieht.

Dürrenmatts Werk könnte geradezu als Gegengift zu gängigen Versuchen eingesetzt werden, Literatur als Instrument der Problem- und Lebensbewältigung einzusetzen: Rezepte werden nicht geliefert, und der Autor ist angesichts der Überdimensionalität der Probleme nicht weniger ratlos als der Leser oder Zuschauer.

Obwohl heute aus den Spielplänen verschwunden, steht Dürrenmatts Drama repräsentativ nicht nur für die Theaterliteratur der Nachkriegszeit, weil mit ihm sowohl die Entwicklungslinien vom aristotelischen zum nichtaristotelischen Theater, die Veränderung gattungstypischer Merkmale des Dramas in der Moderne, die Auflösung der Gattungsgrenzen zwischen Tragödie und Komödie als auch zahlreiche Querverbindungen zu den Tendenzen des modernen Theaters dargestellt werden können. Zahlreiche Kategorien der modernen Poetik, das Groteske, das Absurde, das Paradox usw. lassen sich an ihm veranschaulichen und erläutern.

In besonderer Weise lenkt Dürrenmatts Drama von einer produktionsästhetischen Betrachtung zu einer rezeptionstheoretischen hin, da es eine Dramaturgie des Zuschauers praktiziert. Das Verhältnis von Bühne und Publikum, die Steuerung der Leser-(Zuschauer-)Erwartung, das Wechselspiel von Illusionierung und Desillusionierung lassen sich paradigmatisch beleuchten.

Obwohl das Verhältnis des Textes zum geschichtlichen und sozialen Zusammenhang nicht unmittelbar verläuft, vermittelt Dürrenmatt doch entscheidende Einsichten für das Wirklichkeitsverständnis des Schülers, weil sein Drama fundamentale Aussagen der modernen Naturwissenschaften reflektiert und deshalb neben den traditionellen Formen der Natur- und Gesellschaftsanalyse gehört werden muß. Die atomaren Katastrophen der jüngsten Vergangenheit haben warnend gezeigt, daß die Möglichkeit der schlimmstmöglichen Wendung ein Grenzfall der Wirklichkeit ist.

## 2
### Zur Unterrichtsplanung in der Sekundarstufe I und II (Grundkurs)

*Vorüberlegungen zur Reihenplanung*

Dürrenmatts Werk läßt sich nicht bloß „immanent" analysieren. Die Behandlung im Unterricht der Sekundarstufe I setzt voraus, daß verschiedene Strategien der Lesersteuerung (durch Dialoglesen, Rollenspiel, Transformationsübungen) erprobt wurden. Wegen der Verwandtschaft des analytischen Dramas mit dem Kriminalroman empfiehlt es sich, den *Besuch der alten Dame* im Rahmen einer Reihe zum trivialen oder literarischen Kriminalroman anzusiedeln. Auf diesem Hintergrund läßt sich das dramaturgische Verfahren Dürrenmatts transparenter vermitteln, weil dann das Verhältnis von Verrätselung und Aufklärung, die Prozeßstruktur, das Verhältnis von kausalanalytischer Erhellung und Spiel des Zufalls, die geniale Sonderrolle des Kriminalisten, die Problematisierung der Moral, das Engagement des Lesers als Koautor oder Detektiv geläufig sind.

Die Abstraktheit des Entwurfs verbietet wohl eine Behandlung in den Jahrgangsstufen 8 und 9. In der Jahrgangsstufe 10 entspricht die Behandlung den Intentionen der Richtlinien und Empfehlungen. Im Bereich „Umgang mit Texten" sehen z.B. die „Richtlinien von NRW" eine Dramen- und Hörspielreihe vor, die die Antwort der Literatur auf die Bedrohung des einzelnen durch unpersönliche Mächte (Staat, Gesellschaft, Schicksal) thematisiert. Wesentliches methodisches Ziel ist, „die Wirkung des Theaterstücks bzw. des Hörspiels auf den Zuschauer bzw. Hörer (Leser) einschätzen"[172] zu lernen.

Der Wirkungszusammenhang zwischen Autor und Zuschauer läßt sich, wenn die Unterrichtsbedingungen dies ermöglichen, durch eine Transformation des Textes, z.B. in ein Hörspiel, konkretisieren. Der Wechsel von der einen Gattung in die andere tötet nicht den Formsinn, sondern schärft ihn, weil die neue Relation von Wirkungsmittel, Intention und Effekt reflektiert werden muß. Entschließt man sich zu einer solchen Transformation, bräuchte die Poetik Dürrenmatts, die in der Sekundarstufe I oft nur unter Schwierigkeiten zu vermitteln sein wird, nicht theoretisch erörtert werden, sondern könnte bei der Umformung „erfahren" werden, weil dabei nach mediengerechten Methoden gesucht werden muß, die den Einschlag der dramatischen Bombe versinnlichen können. Die Gattungsüberformung erlaubt eine praktikable Interdependenz von theoretischer Analyse und spielerischer Verarbeitung, weshalb die Übertextung nicht als Appendix der Analyse angehängt werden sollte. Die Umformung selbst nämlich setzt analytische Prozesse in Gang, auch weil der *Besuch* durch seine Konzeption schon für das andere Medium disponiert ist. Zur praktisch-methodischen Durchführung des Projektes geben Klose, Lermen und Klippert wertvolle Hinweise, auch Wöhler und Würfel können hinzugezogen werden.[173]

In der Regel aber wird man den analytischen Zugang bevorzugen, in den durchaus Elemente der Hörspiel-Transformation einbezogen werden können. Für diesen Zweck sind im folgenden Leitfragen und methodische Hinweise formuliert, die nicht mehr als einen denkbaren Rahmen für eine Unterrichtssequenz abgeben wollen. Die gesamte Sequenz umfaßt etwa 15 Unterrichtsstunden. Der Ablauf ist so konstruiert, daß die Kenntnis des gesamten Dramas erst nach der achten Stunde vorausgesetzt wird, um die Experimentsituation des 1. Aktes mit den Schülern nachvollziehen und Lösungsmöglichkeiten durchspielen zu können, ohne daß Dürrenmatts Katastrophe bekannt ist. Danach freilich verbietet sich ein weiteres sukzessives „Erlesen" des Dramas, weil sonst aufgrund der analytischen Struktur die indizienhafte Vorwegnahme des Endes und vor allem die Alibisierungstaktik der Güllener nicht durchschaut werden können. Die Analyse behandelt zunächst immer nur einen begrenzten Textausschnitt in der Chronologie des Dramas, setzt aber jeweils neue thematische Akzente. Erst nach der expositorischen Besprechung des 1. Aktes verfährt sie großräumiger, auch weil das Kompositionsprinzip des 2. und 3. Aktes das der Reihung und Spiegelung paradigmatischer Situationen ist. Wer die Kenntnis des vollständigen Dramas schon beim Einstieg in die Besprechung bevorzugt, orientiere sich an der Unterrichtssequenz für die Sekundarstufe II.

Dieser Unterrichtsverlauf eignet sich wohl auch für nicht übermäßig motivierte oder literaturgeschichtlich wenig erfahrene Grundkurse.

*Verwendete Abkürzungen:*

| | |
|---|---|
| GA = Gruppenarbeit | LK = Leistungskurs |
| GK = Grundkurs | LV = Lehrervortrag |
| HA = Hausaufgabe | Ref = Referat |
| KRef = Kurzreferat | UG = Unterrichtsgespräch |

*Unterrichtssequenz*

*1./2. Stunde*

| | |
|---|---|
| *Gegenstand* | Die Eröffnungsszene (13–17) |
| *Didaktische Aspekte* | Aufriß zentraler Gesichtspunkte der Besprechung: Zuschauer-Rezeption, Komik der „Dienstboteneröffnung", strukturelle Funktion (Exposition), Personengestaltung, Sprachformen (chorisches Sprechen, Ambivalenz), Raumkonzeption |
| *Unterrichtsverlauf* | Lesen mit verteilten Rollen oder Erspielen, vorläufiges Sammeln von Eindrücken; Ermitteln von Informationen zur Situation der Stadt und der Personen, vorläufige Charakterisierung der Güllener, Aufsuchen von Widersprüchen zwischen Schein und Sein, Situation und Deutung der Situation; Vergleich zwischen Alltagssprache und Rollensprache; Beschreibung und Erklärung des Spielortes „Bahnhof" |
| *Methodische Hilfen/ Impulse* | UG: Welche Wirkung hat die erste Szene auf den Leser/Zuschauer? Welche Informationen vermitteln die Güllener über Gegenwart, Vergangenheit und Zukunft der Stadt? Wie reagieren sie auf ihre Situation, wie deuten sie sie, was erhoffen sie? Ist ihre Analyse der Vergangenheit und der Gründe des Verfalls glaubhaft? Welche Ziele verfolgt D. mit der merkwürdigen Sprechweise seiner Figuren? Worin unterscheidet sich das Sprechen der Güllener vom alltäglichen Umgangston? Warum zeigt D. die Güllener zuerst am Bahnhof (Hinweis auf Stadtstreicher oder Gastarbeiter an deutschen Bahnhöfen)? |
| *Hausaufgabe* | Lektüre des 1. Aktes |

*3. Stunde*

| | |
|---|---|
| *Gegenstand* | Die Güllener vorm und beim Empfang (16–31) |
| *Didaktische Aspekte* | „Kleinbürgerliche" Verhaltensmuster: Sicherheitsstreben, Ordnungs- und Planungsstrategien, Sündenbocktheorie, Bildung als Besitz und Instrument, moralische Orientierung am Kollektiv, Vergangenheitsverdrängung, moralische Anfälligkeit beim Wandel der kollektiven Moral; Aktualisierung |
| *Unterrichtsverlauf* | Auswertung des Personenverzeichnisses; Fortsetzung und Systematisierung der Charakterisierung der Güllener; Vergleich mit Lebensformen und Verhaltensmustern aus dem Erfahrungsbereich der Schüler |

| | |
|---|---|
| *Methodische Hilfen/ Impulse* | UG: Welchen Eindruck von der Dorfgemeinschaft der „Besuchten" vermittelt das Personenverzeichnis? Welche Bedeutung hat die Namenlosigkeit? Was unternehmen die Güllener zum Empfang der alten Dame? Welche Ziele verfolgen sie damit? Wie ist ihre Strategie zu beurteilen? <br> D. nennt die Güllener „Menschen wie wir alle" (143): In welchen Verhaltensweisen zeigt sich diese „Normalität" (Beispiele aus dem Alltagsleben)? Welche Haltung nimmt der Zuschauer den Figuren gegenüber ein? |
| *Hausaufgabe* | Entwurf einer Charakterisierung der alten Dame |

## 4./5. Stunde

| | |
|---|---|
| *Gegenstand* | Die Ankunft der alten Dame (22–35) |
| *Didaktische Aspekte* | Die alte Dame als Kunstfigur, der Kontrast von fiktiver und realer Wirklichkeit, das Groteske der Figurengestaltung; die analytische Funktion der alten Dame (Störung der Ordnung durch den „Einfall", Beginn des Spannungsspiels und der Entlarvung, Erschütterung der Selbstsicherheit der Zuschauer, Anfang des Experiments mit der Moral) |
| *Unterrichtsverlauf* | Besprechung der Hausaufgabe (3. Stunde); Diskussion über die Wirkung, die die Hauptfigur beim Zuschauer erzielt; Erklärung ihrer Funktion für die Güllener und die Dramenhandlung |
| *Methodische Hilfen/ Impulse* | UG: Wie könnte ein Masken- und Kostümbildner die alte Dame ausstatten (Einbezug der HA)? Welche Schwierigkeiten ergeben sich bei einer angemessenen Bühnenrepräsentation der Figur? Worin sind sie begründet? Was sagen sie über den Realitätsgehalt der Figur? Warum erfindet D. ein solches Monstrum? Welche Wirkung hat der Besuch auf den Zuschauer? Bleiben die Komik der Wirkung und die Überlegenheit des Zuschauers erhalten? <br> Welche Bedeutung haben die Umstände der Ankunft für die Güllener? Welche Aufgabe übernimmt dabei der Zufall (vgl. Skizze S. 27)? Wie begegnet die alte Dame der „Normalität" der Güllener? Mit welchen sprachlichen und taktischen Mitteln setzt sie ihre Ziele durch? <br> GA: Inwiefern läßt sich der Dramaneingang mit den ersten Seiten eines Kriminalromans (Beispiel: *Der Richter und sein Henker*) vergleichen? |
| *Hausaufgabe* | Warum trägt das Stück den Obertitel „Der Besuch der alten Dame"? |

*6. Stunde*

| | |
|---|---|
| *Gegenstand* | Die Liebe zwischen Claire und Ill (25–40) |
| *Didaktische Aspekte* | Dürrenmatts Verfremdungs- und Entlarvungstechnik; die Liebes-Vorgeschichte zwischen Schein und Sein; der Kriminalfall und der moralische Fall „Ill" |
| *Unterrichtsverlauf* | Kontrastierender Vergleich des Rendezvous mit einem Alltags-Rendezvous; Dürrenmatts „V-Effekt" (Bühnenbild des Elisabethanischen Theaters[174]), Theater auf dem Theater, das Verhältnis von Illusion und Desillusionierung im Dialog der Protagonisten) |
| *Methodische Hilfen/ Impulse* | U.U. Erspielen der Szene.<br>UG: Welche Unterschiede ergeben sich, wenn man die Begegnung der alten Dame mit Ill im Konradsweilerwald mit einem alltäglichen Rendezvous vergleicht? Welche Klischees werden beim Zuschauer vorausgesetzt und unterlaufen? Welche Bedeutung hat die Regieanweisung für die Verfremdung des Rendezvous? Inwiefern und mit welchen Zielen sind die Güllener Bürger daran beteiligt? Welche wesentlichen Fakten aus der Vorgeschichte Ills und der alten Dame kommen zur Sprache? Welchen Einfluß hat die Vorgeschichte auf Erscheinungsbild, Charakter und Situation Ills und Claires? Was bewirken die Verfremdungen der Szene beim Zuschauer? |
| *Hausaufgabe* | Entwurf einer Anklageschrift gegen Ill |

*7./8. Stunde*

| | |
|---|---|
| *Gegenstand* | Der Prozeß gegen Ill (40–50) |
| *Didaktische Aspekte* | Die Eigenwelt Dürrenmatts; Claires Verständnis von Recht und Gerechtigkeit; mythologische Dimensionen des Rechtsstreits: Claire als rächende Gottheit; das Milliardenangebot als Experiment mit der Moral; der Zuschauer als hypothesenbildender Teilnehmer am Prozeß des Dramas |
| *Unterrichtsverlauf* | Erarbeitung der experimentellen Besonderheit des Prozeßverfahrens; Diskussion des Rechtsbegriffes; Vergleich mit der Gesetzgebung des Alten Testaments (z.B. Ex 21, 23 ff.; 34,7); hypothetisches Erwägen von Konsequenzen aus dem Milliardenangebot |
| *Methodische Hilfen/ Impulse* | UG: Welche Delikte hat sich Ill nach bürgerlichem Recht zuschulden kommen lassen (Einbezug der HA)? Welches Verständnis von Recht und Gerechtigkeit liegt Claires Verfahren zugrunde? Läßt sich behaupten, daß Claire die Gerechtigkeit verkörpert? Welche Rolle teilt die alte Dame durch das Mil- |

|  | liardenangebot sich selbst und welche den Güllenern zu? Was wird durch den Prozeß gegen Ill für die Aufklärung des Zuschauers erreicht?<br>GA: Welche Möglichkeiten ergeben sich aus dem Angebot der alten Dame, zu welchen Konsequenzen führen sie, welches Menschenbild setzen sie jeweils voraus? |
|---|---|
| *Hausaufgabe* | Lektüre des 2. und 3. Aktes |

## 9./10. Stunde

| *Gegenstand* | Die Epitasis (2. Akt) |
|---|---|
| *Didaktische Aspekte* | Raumkonzeption des parodierten Mysterienspiels; Interdependenz von Raum und Figur; Überblick über die Handlung und die Wechselwirkung der Spielorte; Zentralmotive als Zeichen der Entfremdung |
| *Unterrichtsverlauf* | Entwurf und Auswertung eines Bühnenbildes; Erörterung der dramaturgischen Konsequenzen; Skizze des Handlungsablaufs entsprechend der Raumkonzeption; Auflistung und Auswertung der Motive |
| *Methodische Hilfen/ Impulse* | GA: Wie müßte ein Regisseur die Bühne gestalten, um der Anweisung S. 51 gerecht zu werden?<br>UG: Welche Konsequenzen ergeben sich aus der Aufteilung der Bühne für die Figuren, die auf der jeweiligen Ebene angesiedelt sind? Welche Handlungsabläufe finden auf den einzelnen Ebenen statt?<br>Welche Wechselwirkung zwischen den Handlungssträngen ergibt sich aus der Aufteilung des Bühnenraumes? Welche handlungsbestimmenden und handlungsbegleitenden Motive (Requisiten, Tiere, Farben) spielen eine Rolle (Belegstelle, Verwendungsform, Entwicklung des Motivs)? Warum wählt D. einen Panther als Begleitung Claires; warum wird die Handlung um den Panther hier eingeschaltet, und in welchen Episoden verläuft sie (Skizze S. 33)? |
| *Hausaufgabe* | Gestaltung eines Werbeprospektes des Verkehrsvereins für das wiederaufblühende Güllen |

## 11./12. Stunde

| *Gegenstand* | Die Epitasis (2. Akt) |
|---|---|
| *Didaktische Aspekte* | Das Verhältnis von Kapital und Moral; die Korrumpierung des Christentums und des Humanismus; die Entfremdung der Gemeinde und ihrer Repräsentanten |

| | |
|---|---|
| *Unterrichts-verlauf* | Beschreibung der Veränderungen in wirtschaftlicher Situation und Bewußtsein Güllens und der Güllener; Beobachtungen zum sukzessiven Anwachsen des Konsums und der Konsumgüter; Ermittlung des Kausalverhältnisses zwischen Kapital und Korruption, Konsum und Bewußtseinsveränderung, Kredit und Sprachveränderung; Analyse und Beurteilung des Verhaltens der Gemeinderepräsentanten; Transfer: Analyse der Bahnhofsszene |
| *Methodische Hilfen/ Impulse* | UG: Welche Veränderungen bringt der Kapitalzufluß für den Ort mit sich (Einbezug der HA)? Wie verhalten sich die Güllener nun zum Milliardenangebot? Wie gestaltet sich ihr Verhältnis zu Ill, wie sprechen sie mit ihm? Welche Auswirkungen haben die Kreditkäufe auf die Moral der Schuldner? Wie bringt D. den anwachsenden Konsum und seine Gefahren dem Zuschauer zu Bewußtsein?<br>Warum und woran scheitern die Hilfegesuche Ills bei den Hütern der Ordnung und der Moral? Welche Prozesse werden durch die alte Dame, das Güllener Kollektiv und die Dorf-Repräsentanten bei Ill in Gang gesetzt?<br>GA: Wie ist das Verhalten Ills am Ende des zweiten Aktes zu erklären? Warum nutzt er nicht die Erlaubnis zur Flucht? Wie müßte ein Regisseur hier Personenregie führen? |
| *Hausaufgabe* | Entwurf einer Verteidigungsrede Ills |

13. Stunde

| | |
|---|---|
| *Gegenstand* | Die Katastrophe: Ill |
| *Didaktische Aspekte* | Ill als „Held": Wandlungen in Ill, Gründe für diese Wandlung, Konsequenzen der Wandlung; Ills Tod als Racheakt |
| *Unterrichts-verlauf* | Kontrastierung des Charakterbildes Ills vor und nach den gescheiterten Hilfsappellen; Diskussion der Gründe und des moralischen Wertes seiner Entscheidung zum Selbstopfer; Diskussion der Frage, ob Ill im vorliterarischen oder literarischen (aristotelischen) Sinne als Held, als mutiger Mensch oder als neutestamentliche Erlöserfigur zu qualifizieren ist. |
| *Methodische Hilfen/ Impulse* | UG: Welche entscheidende Wandlung hat sich in Ill vollzogen? Unter welchen Umständen? Warum findet sie erst jetzt statt, nachdem die Hilfsgesuche gescheitert sind?<br>Läßt sich Ill mit Dürrenmatts Worten als „Held" (143) bezeichnen? Läßt sich Ills Verzicht auf Kampf und Entschluß zum Opfer als christliche Haltung verstehen? Warum geschehen Ills Sinneswandel und Tod unter Schweigen? Welche Gründe für die Wandlung sind denkbar? Welche Konsequenzen hat sein Verhalten, insbesondere seine Ablehnung des Selbstmordes, für die Güllener? |

| *Hausaufgabe* | Wie hat sich das Bild Güllens und der Güllener zwischen dem 2. und 3. Akt verändert? |

## 14./15. Stunde

| | |
|---|---|
| *Gegenstand* | Die Katastrophe: Die Güllener |
| *Didaktische Aspekte* | Der universale Verblendungszusammenhang; totalitäre Strukturen in Denken, Sprechen und Handeln der Güllener; die Rhetorik der Demagogie; Verflechtung und Kontrast der Handlungsstränge (die Prozesse gegen Ill und Güllen); der offene Schluß des Güllen-Prozesses |
| *Unterrichtsverlauf* | Kontrastierender Vergleich von Moral und Verhalten der Güllener in Akt II und III; Anwendung der Ergebnisse auf die Gestalt des Lehrers; Überprüfung seiner Rhetorik durch den Vergleich mit faschistischer Demagogie; Diskussion des offenen Schlusses (u. U. Vergleich mit dem Schluß von Brechts *Der gute Mensch von Sezuan*) |
| *Methodische Hilfen/ Impulse* | UG: Welche Veränderungen in Verhalten und Moral haben gegenüber dem 2. Akt stattgefunden? Was läßt sich an den Veränderungen in Ills Laden und im Verhalten seiner Familie ablesen (Einbezug der HA)? Wie ist der Bruch im Verhalten des Lehrers zu erklären? Welche Werte vertritt er im 1. und 2., welche im 3. Akt? Wodurch gelingt es seiner Rede, zugleich die Eingeweihten zum Mord aufzufordern und die Wahrheit vor der Öffentlichkeit zu vertuschen? Mit welchen Beispielen aus der Geschichte läßt sich sein Mißbrauch der Rhetorik vergleichen? (Besonders geeignet ist eine Rundfunkreportage Goebbels', die nicht nur die Rede Hitlers, sondern die Gesamtinszenierung einer Sportpalastveranstaltung wiedergibt.[175]) Hat die alte Dame am Ende die Gerechtigkeit wiederhergestellt? Mit der Übergabe des Schecks hat sie zwei Prozesse ans Ende gebracht: Wie ist der Ablauf der beiden Verfahren zu skizzieren (vgl. Skizze S. 39)? |
| *Hausaufgabe* | Welche Zukunft läßt sich für die Güllener denken? Entwerfen Sie die Skizze eines 4. Aktes (als Exposé, Szenar, Drehbuch oder Szenenentwurf)! |

*16. Stunde*

| Gegenstand | Dürrenmatts Dramaturgie |
|---|---|
| *Didaktische Aspekte* | Dramaturgische Reflexion eigener Gestaltungsversuche der Schüler; Dürrenmatts analytisches Verfahren; rezeptionstheoretische Überlegungen |
| *Unterrichtsverlauf* | Besprechung der Entwürfe zum 4. Akt unter dem Gesichtspunkt der Angemessenheit; Klärung des Verhältnisses von Spielwelt und gesellschaftlicher Wirklichkeit; Vergleich des Dramas mit dem analytischen Formular des Kriminalromans |
| *Methodische Hilfen/ Impulse* | UG: Welche Fortsetzungen sind nach der dramaturgischen Anlage des Stückes angemessen oder zulässig (vgl. Skizze S. 56)? Kann der Autor den Zuschauer ändern? Gibt es im Stück selbst Anzeichen für eine Hoffnung auf Veränderung? Warum kann D. sagen, er habe als „Mitschuldiger" (137) geschrieben? Wie stellt sich am Ende das Verhältnis des Zuschauers zu den Güllenern dar? Inwiefern ist der Aufriß des ganzen Dramas mit einem Kriminalroman zu vergleichen? Was erreicht D. damit? |
| *Hausaufgaben* | „Führe uns nicht in Versuchung!" (76). Zeigen Sie, inwiefern das Drama mit dieser Vaterunser-Bitte überschrieben werden könnte, indem Sie insbesondere Dürrenmatts Bild vom Menschen erläutern. |

*Klausurvorschläge*

1. Szenenanalyse (51–55)
   Zeigen Sie durch eine Analyse des Verhaltens der Güllener, daß die Jagd auf Ill schon hier ihren Anfang nimmt. Überlegen Sie, welche Beziehungen zwischen dem Verhalten Claires und dem der Güllener besteht.
2. Szenenanalyse (80–85)
   Beschreiben Sie knapp die Situation, in der Ill sich befindet. Erklären Sie, warum Ill nicht flieht und welchen Einfluß das Verhalten der Güllener auf seinen Entschluß hat.
3. „Die Welt machte mich zur Hure, nun mache ich sie zu einem Bordell" (91).
   Zeigen Sie, wie Claire Zachanassian es angelegt hat, dieses Ziel zu erreichen, indem Sie besonders die letzte Szene des 1. Aktes (45–50) und die 1. des 3. Aktes (88–91) auswerten. Beschreiben Sie das Verständnis von Gerechtigkeit, das diesen Maßnahmen zugrunde liegt.
4. Dürrenmatt sagt in seinen Randnotizen, daß der Name der Stadt Güllen in „Gülden" umgetauft werden soll (vgl. 139). Zeigen Sie durch ei-

nen Vergleich der ersten mit der letzten Szene (13–18 und 131–134), daß in diesen beiden Namen der Problemgehalt des Stückes eingefangen ist.

5. „Güllen" ist wegen seines Namens oft in der Schweiz angesiedelt worden. Dürrenmatt dagegen will, daß die Geschichte Güllens „irgendwo in Mitteleuropa" (141) geschieht.
Begründen Sie, warum Güllen kein geographisch genau bestimmter Ort sein darf.
Zeigen Sie durch eine Analyse des Dialogs S. 73–76 (Ill und der Pfarrer), daß die Verhaltensweisen der Dialogpartner nicht nur in Güllen zu finden sind.

6. Der amerikanische Übersetzer und Bearbeiter des *Besuchs der alten Dame*, Maurice Valency, hat seine Auffassung des Stücks so zusammengefaßt: „In diesem Lande (in den USA) halten wir noch immer die Überzeugung hoch, daß es keinen Mißstand in der Welt gibt, der nicht durch einen guten wirtschaftlichen Aufschwung ins Lot gebracht werden könnte."[176] Analysieren Sie den Schlußgesang der Güllener (132–134) und diskutieren Sie, ob der wirtschaftliche Aufschwung Güllens die Mißstände „ins Lot" gebracht hat. (Sekundarstufe II)

## 3
### Zur Unterrichtsplanung in der Sekundarstufe II (Leistungskurs)

*Vorüberlegungen zur Reihenplanung*

Statt einer Orientierung an der Kriminalliteratur drängt sich hier der literaturgeschichtliche Vergleich mit deren Vorbild, *Ödipous,* aber auch *Antigone,* auf. Doch ist *Der Besuch der alten Dame* in literaturgeschichtlichen und sprachtheoretischen Reihen geradezu universal einsetzbar. Im Rahmen, den die gängigen Richtlinien und Empfehlungen stecken, ist das Werk in die Reihe „klassisches und modernes Drama" einzuordnen und zusammen mit Schillers *Jungfrau von Orleans* (oder *Maria Stuart*) und Brechts *Hl. Johanna der Schlachthöfe* (oder *Der gute Mensch von Sezuan*) zu besprechen. Diese Reihe soll durch die Behandlung der entsprechenden dramentheoretischen Schriften der jeweiligen Autoren begleitet und durch die Lektüre von Ausschnitten aus der aristotelischen Poetik grundgelegt werden.

Davon abweichend wäre die idealistische Dramatik aber auch mit *Wilhelm Tell* passend vertreten, läßt sich der *Besuch* doch als das zweite nationale Drama neben dem *Tell* verstehen (Werner Weber). Auch Lessings *Nathan* – für Dürrenmatt „eine Art umgekehrter Ödipus" (XXV, 63) – liegt im thematischen Umfeld, zumal sich Dürrenmatt im Rahmen seiner Ideologiekritik mit dem Toleranzgedanken der Aufklärung auseinandersetzt (z. B. im *Monstervortrag über Gerechtigkeit und Recht*) und in der Geschichte des aufgeklärten Denkens einen Platz einzunehmen beansprucht. Wenn auch didaktisch nicht sehr attraktiv, hat Hebbels bürgerliches Trauerspiel *Maria Magdalene* eine thematische und dramentheoretische Schlüsselstellung in der Entwicklung zu Dürrenmatts Stück hin inne, weil es die gemischte Gattung zwar verspätet, aber doch in typischer Form und mit theoretischer Begründung repräsentiert und zudem die tragische Lösung des Konflikts zeigt, die Dürrenmatt überholt. Für den Brecht-Kontrast empfiehlt sich *Aufstieg und Fall der Stadt Mahagonny*, da der *Besuch* als dessen gezielte Kontrafaktur verstanden werden kann;[177] für den Vergleich mit Frisch der verwandte *Biedermann*. Das absurde Theater könnte Ionescos *Les Chaises* repräsentieren, weil hier ein vergleichbarer Zusammenhang von Ideologiekritik, Sprachkritik und Lebenslüge thematisiert ist.

Eine Reihenbildung nach gattungsgeschichtlichen Gesichtspunkten schließt eine Orientierung an historischen Zusammenhängen, an Kommunikations- und Verstehensproblemen oder an gesellschaftlichen Themen nicht aus. Als Problemschwerpunkt böte sich der von Recht, Gerechtigkeit und Kriminalität an. Das Gegenstandsfeld ist unendlich. Besonders Dürrenmatt-nah sind Kellers Seldwyla-Erzählungen, Gotthelfs *Die schwarze Spinne* (mit der vergleichbaren Versuchsanordnung, aber mit religiöser Lösung), aber auch Kleists *Michael Kohlhaas* oder Kafkas *Der Prozeß*. Als Prozeß ist ebenfalls Hofmannsthals *Das Salzburger Große Welttheater* strukturiert, das auch für die Barockparodie Dürrenmatts nutzbar zu machen ist. Die meisten Brecht-Stücke sind in Prozeß-Form geschrieben, unter denen Brechts *Der gute Mensch von Sezuan* als Hofmannsthal-Parodie sich anbietet. Sollen gattungstheoretische und problemorientierte Gesichtspunkte verknüpft werden, wäre diese Folge vorstellbar: *Antigone* (positives Gesetz und göttliches Recht), *Carolus Stuardus* (religiöse Legitimation der monarchischen Rechtsordnung), *Nathan* (religiöses Gesetz und Toleranz), *Don Carlos* (Menschenrecht und Staatsraison), *Die Bürger von Calais* (Aufopferung des einzelnen für das Kollektiv), *Andorra* und *Mahagonny*.

Richtet sich die Reihe an einem sprachtheoretischen Parameter aus, sind nicht nur die Leser- und Zuschauerrolle im Konstitutionsprozeß des Textes und die Vermittlung von Wirklichkeit im fiktionalen Text relevant (das könnte an beliebigen Texten veranschaulicht werden), sondern vor allem auch die Verunsicherung des Sprachrealismus seit der Sprachkritik Nietzsches. Dabei ließen sich mehr als formale Bezüge zu Dürrenmatt herstellen. Ausgehend von Nietzsches Sprachskepsis *(Über Wahrheit und Lüge im außermoralischen Sinne)* und Hofmannsthals Chandos-Brief lassen sich gattungsübergreifend Lyrik des Expressionismus (von dem Dürrenmatts Entwicklung ausgeht), wiederum Kaisers *Bürger von Calais* und Wedekinds *Marquis von Keith* anschließen. Karl Kraus' Sprachkritik, auf die Dürrenmatt sich beruft, müßte einen zentralen Stellenwert erhalten. Auch Formen des Sprachverfalls (Dadaismus) könnten integriert werden. Umgekehrt wäre die Aufwertung des Sprachrealismus im Nationalsozialismus zu vergleichen, phasenverschoben dieselbe Problematik nach dem Zweiten Weltkrieg in der Aufspaltung des einen Wortes in zwei systemgebundene Bedeutungen: Beliebige Texte aus dem Umkreis der Bitterfelder Konferenzen könnten mit Handkes *Kaspar* verglichen werden.

*Unterrichtssequenz*

Die Sequenz beansprucht (ohne Ausweitungen) etwa 15 Unterrichtsstunden. Die Lektüre des gesamten Dramas wird vorausgesetzt.

| *Hausaufgabe* | Beschreiben Sie, welche (intellektuelle und emotionale) Wirkung Dürrenmatts Dramaturgie des Zuschauers auf Sie als Leser gehabt hat. Formulieren Sie schriftlich Ihre Interpretationshypothese. |
|---|---|

*1./2. Stunde*

| *Gegenstand* | Die Eröffnungsszene (13–31) |
|---|---|
| *Didaktische Aspekte* | Einführungsgespräch, Aufriß zentraler Gesichtspunkte der Besprechung (wie oben), erste literaturgeschichtliche Einordnung |
| *Unterrichtsverlauf* | Hinführung zum Zentralproblem durch Besprechung der HA, Titelreflexion, Szenenanalyse |
| *Methodische Hilfen/ Impulse* | Austausch der Rezeptions-Erfahrungen, Diskussion der Deutungsansätze, Überprüfung des Titels auf seine Aussage und Berechtigung<br>UG: Erläutern Sie, mit welchen Mitteln D. die Güllener einführt. Beschreiben Sie die Eigenschaften des Verhaltens- und Mentalitätstypus, der in der Eingangsszene gezeigt wird. Begründen Sie, warum D. die Güllener als „Menschen wie wir alle" (143) verstanden wissen will.<br>Ausweitung, GA: Vergleichen Sie den Güllener Dorfchor mit dem Chor der thebanischen Alten aus *Ödipous,* indem Sie die Situation der beiden Gemeinwesen, deren Grund und Bedingung, die Aufgabe des Chores und seine Sprechweise beachten. Stellen Sie eine Hypothese auf, warum D. das antike Vorbild parodiert. |
| *Hausaufgabe* | Skizzieren Sie einen Bühnenentwurf für Erscheinungsbild, Gestik und Habitus der alten Dame und ihrer Begleitung. |

## 3./4. Stunde

| | |
|---|---|
| *Gegenstand* | Figurenkonstellation I: Die alte Dame und ihre Begleitung |
| *Didaktische Aspekte* | s. o. S. 103. (4./5. Stunde)<br>Zusätzlich: Die Sprache der alten Dame (Entrhetorisierung, Sprachkritik, Ironie); die alte Dame als überbietendes Ensemble literarischer Frauenfiguren; die Instrumentalisierung des Menschen durch die alte Dame |
| *Unterrichtsverlauf* | Vergleich und Besprechung optischer Vorstellungen von den Besuchern und deren Begründung, Charakterisierung der alten Dame, Erhellung ihrer Vorgeschichte, Erklärung ihrer Funktion für ihre Begleitung, Güllen und die Dramenhandlung |
| *Methodische Hilfen/ Impulse* | Vergleichen Sie Ihre Entwürfe und diskutieren Sie ihre Angemessenheit. Deuten Sie das Phänomen, daß die Person der alten Dame aus den verschiedensten Elementen zusammengesetzt ist (Veranschaulichung durch Beispiele aus der Groteskmalerei). Beschreiben Sie die Vorgeschichte der alten Dame und vergleichen Sie sie mit Ihnen bekannten literarischen Frauenfiguren (GA). Bestimmen Sie das Verhältnis der alten Dame zum übrigen Personal, indem Sie auch ihre Sprechweise in Betracht ziehen. Erläutern Sie die Funktion der alten Dame für den Handlungsverlauf. Klären Sie, warum sie mit Begleitung auftritt, welche Bedeutung diese Figuren für ihre Lebensgeschichte hatten und haben und was Claire aus ihnen gemacht hat. |
| *Hausaufgabe* | Beschreiben Sie, welche Effekte das Darstellungsmittel des Grotesken beim Zuschauer hervorrufen soll (kann). |

## 5./6. Stunde

| | |
|---|---|
| *Gegenstand* | Figurenkonstellation II: Ill und die Güllener |
| *Didaktische Aspekte* | Entindividualisierung der Figuren; Verantwortung, Schuld und Freiheit der Güllener; die humanistische Ethik und der Geist des Kapitalismus; die Nominalisierung der Sprache; die Verführbarkeit des Kleinbürgers |
| *Unterrichtsverlauf* | Gegenüberstellung der Verhaltensweisen der Güllener in den drei Akten; Auswertung des Personenverzeichnisses, Prüfung des Individualisierungsgrades der Figuren; Diskussion der Schuld- und Rechtsproblematik |
| *Methodische Hilfen/ Impulse* | GA: Untersuchen Sie die Entwicklung der Verhaltensweisen und der Moral der Güllener vor und nach dem Milliardenangebot der alten Dame (tabellarische Übersicht). |

|   |   |
|---|---|
|   | UG: Erklären Sie, warum außer Ill niemand mit seinem Namen im Personenverzeichnis registriert ist. Erläutern Sie, warum die Güllener nicht als individuelle Charaktere konzipiert sind. Beachten Sie dabei, wie die Güllener als Gruppe miteinander sprechen (z. B. 13 f., 21). Nehmen Sie Stellung zu der Behauptung, die Güllener würden für eine „Bagatellschuld" unangemessen bestraft. Diskutieren Sie, ob den Güllenern Schuld zugemessen werden kann.<br>Ausweitung: Vergleichen Sie Dürrenmatts Güllen mit dem Theben des Sophokles.<br>Ordnen Sie Ill der Güllener Gesellschaft zu und überlegen Sie, inwieweit er sich ihr einfügt, inwieweit er sich individualisiert. Klären Sie den Stellenwert, den D. der Liebe zwischen Ill und der alten Dame in Vergangenheit und Gegenwart beimißt. Stellen Sie Kriterien auf, nach denen sich beurteilen läßt, ob Ill ein Held klassischer Art oder ein „mutiger Mensch" wird (Vergleich mit Ödipous oder Wilhelm Tell).<br>Ausweitung: Konfrontieren Sie den Prozeß Claires gegen Ill mit dem Prozeß Ödipous' gegen sich selbst. |
| *Hausaufgabe* | Beschreiben Sie die Rolle von Lehrer, Pfarrer und Bürgermeister in der kleinstädtischen Gesellschaft, und überlegen Sie, warum diese in besonderer Weise aus dem Kollektiv herausgehoben sind. Stellen Sie dar, wie die Honoratioren die Ideen und Ideale, für die sie zu sprechen vorgeben, vertreten. |

*7./8. Stunde*

|   |   |
|---|---|
| *Gegenstand* | Raumgestaltung und mythologische Muster |
| *Didaktische Aspekte* | Die metaphorische Bedeutsamkeit der Raumkonzeption, die Relation von Raum und Weltraum (Generalisierung und Universalisierung), der Ort als moralische Situation, die mythologischen Dimensionen des Raumes, die Bedeutung der Raumkonstellation für die Figurenkonstellation: die Mythologisierung der alten Dame |
| *Unterrichtsverlauf* | Beschreibung, Skizze und Auswertung des Bühnenbildes im 2. Akt, Vergleich mit Bühnenbildern barocker Herkunft (oder Johannes de Witts Skizze vom Londoner Swan-Theater[178]) oder mit Hofmannsthals *Jedermann;* Beschreibung, Skizze und Auswertung der Raumvorstellung am Ende des 2. Aktes, Vergleich mit Dürrenmatts Labyrinthdarstellungen[179]; Deutung der beiden topographischen Weltmodelle, Systematisierung des mythologischen Aspekts |
| *Methodische Hilfen/ Impulse* | GA: Entwerfen Sie ein Bühnenbild des 2. Aktes, und erläutern Sie Bühnenaufbau, Kulissenaufteilung und Verwendung der Requisiten. |

| | UG: Ordnen Sie die Figuren, die Requisiten und den Panther den Bühnenräumen zu, und erklären Sie den Funktionszusammenhang zwischen Figur und Raum (vgl. Skizze S. 33). Dürrenmatts „Urerlebnis" ist, daß der Mensch im Welt-Raum wie in einem Labyrinth ausgesetzt ist. Zeigen Sie anhand der letzten Szene des 2. Aktes und ihrer Personenführung, daß D. Güllen als Labyrinth konstruiert hat. Nehmen Sie die Hinweise des Lehrers auf antike Frauengestalten als Vorbilder der alten Dame (vgl. 90) auf, und erklären Sie ihre Funktion (KRef oder LV über Medea, Große Mutter, Moira etc.). Überprüfen Sie die Behauptung Hortenbachs, der *Besuch* sei „eine moderne Präsentation der Passionsgeschichte (...) im vollen Sinne des Wortes", indem Sie die Passion Ills mit der Jesu vergleichen. Ausweitung: Diskutieren Sie, ob D. mit diesem Verweisungssystem Aussagen über das Verhältnis der Moderne zu „klassischen" Normen machen will, indem Sie insbesondere den Schlußchor mit dem ersten Chorlied der *Antigone* vergleichen. |
|---|---|
| *Hausaufgabe* | Katalogisieren Sie die zentralen Requisiten und Motive. |

## 9./10. Stunde

| *Gegenstand* | Themen und Motive |
|---|---|
| *Didaktische Aspekte* | Motive, Motivketten und -kombinationen als Zeichen der Entfremdung; Farb- und Lichtmotivik als thematische Textklammer, der Panther als Integrationsmotiv der Ill-Claire-Handlung |
| *Unterrichtsverlauf* | Auffinden, Kombinieren und Organisieren des Motivgewebes; Verknüpfung mit der Thematik von Liebe, Tod und Kapital, Recht und Gerechtigkeit; Beobachtungen zum sukzessiven Anwachsen des Konsums und zum Kausalverhältnis von Kapitalzuwachs und moralischem Verfall; Diskussion der durch die Motivik angezeigten Entfremdungs- und Rechtsproblematik |
| *Methodische Hilfen/ Impulse* | UG: Ordnen Sie die Motive nach ihrem Geltungsbereich und bestimmen Sie ihre Funktion. Erklären Sie die Rolle von Konsum und Kapital für den Verlauf des Prozesses, indem Sie die Entwicklung der Requisiten, der entsprechenden Motive und der Interaktion der Figuren verfolgen. Diskutieren Sie die Frage, ob Dürrenmatts Stück als Satire auf den Kapitalismus verstanden werden kann – wie es in der UdSSR geschehen ist. Überprüfen Sie den Gerechtigkeitsbegriff der alten Dame, vergleichen Sie ihn mit der israelitischen Rechtsordnung (bes. Ex. 21, 23 ff., 34, 7; Num. 16, 20 ff.), und überlegen Sie, ob es der alten Dame gelingt, die Gerechtigkeit wiederherzustellen. |

| *Hausaufgabe* | Analysieren Sie das zweite Rendezvous zwischen Ill und der alten Dame im Konradsweilerwald unter besonderer Berücksichtigung der Motivik (114–118) und der Entwicklung der Motivik seit dem ersten Rendezvous (35–40). |
|---|---|

## 11./12. Stunde

| *Gegenstand* | Sprachprobleme |
|---|---|
| *Didaktische Aspekte* | Die Sprachtaktik der Güllener, rhetorische Mittel der Demagogie, der Sprachnominalismus als Grundbedingung des Mordes, das Verhältnis von Sprache und Ideologie, die sprachentlarvende Funktion der alten Dame |
| *Unterrichtsverlauf* | Beobachtungen zur fortschreitenden Begriffsverfälschung im Wortfeld von Recht und Gerechtigkeit; Analyse der Rede des Lehrers, Vergleich mit faschistischer Rhetorik; Einordnung des Problems in den sprachtheoretischen Horizont Dürrenmatts; Erläuterung des erkenntnistheoretischen und sprachphilosophischen Hintergrunds |
| *Methodische Hilfen/ Impulse* | UG: Ermitteln Sie, wie sich die Taktik der Güllener in ihrem Sprachhandeln ausdrückt. Begründen Sie, warum es ihnen gelingt, den Mord an Ill am Ende für Gerechtigkeit auszugeben. GA: Analysieren Sie die Rolle der Demagogie in der Schlußabstimmung über Ills Tod und vergleichen Sie rhetorischen Aufwand, Theatralik und Medieneinsatz mit faschistischen Veranstaltungen (etwa den Inszenierungen im Berliner Sportpalast oder Hitlers Rede aus Anlaß des Ermächtigungsgesetzes)[180]. UG: Beschreiben Sie, wie die alte Dame auf den rhetorischen Aufwand der Güllener sprachlich reagiert. KRef oder LV über Dürrenmatts Sprachtheorie in *Nachgedanken* (XXIX, 103–109): Erörtern Sie das Verhältnis von Ideologie und Sprache. Ordnen Sie diesen Beobachtungen das Schweigen Ills nach dem Scheitern seiner Rettungsversuche zu. |
| *Hausaufgabe* | Gliedern Sie den 1. Akt in Auftritte, untersuchen Sie deren Beziehung und klären Sie, welcher Stellenwert der Ankunft der alten Dame zukommt (S. 26). |

## 13./14. Stunde

| *Gegenstand* | Strukturprobleme |
|---|---|
| *Didaktische Aspekte* | Die kalkulierte Komposition: Achsensymmetrie des 1. Aktes, Parallelhandlung im 2. und 3. Akt; die analytische Fabel; die |

| | |
|---|---|
| | durch die Struktur kalkulierte Wirkung, die Bedeutung von Einfall und Zufall für das Kalkül |
| *Unterrichts-verlauf* | Optische Textanalyse; Verbindung der Strukturbeobachtungen mit der Inhaltsanalyse (Illusion und Desillusionierung, geplante Gesetzmäßigkeit und Aufhebung der Gesetze, Entmächtigung der Bürger durch den Zufall, Peripetie); die Funktionen der Exposition (Vergangenheitsverdrängung und Entlarvung der Vergangenheit), Systematisierung der beiden Prozesse (Privatstrang und Kollektivstrang), das Drama als Kriminalanalyse (Vergangenheit: Ill) und Experiment (Zukunft: Güllen) mit der menschlichen Natur und als Gegenentwurf zum klassischen Drama |
| *Methodische Hilfen/ Impulse* | UG: Stellen Sie die Gliederung des 1. Aktes vor und begründen Sie Ihre Entscheidungen. Erläutern Sie, welcher Stellenwert der Ankunft der alten Dame zukommt (vgl. Skizze S. 27). Ermitteln Sie, wie die Ankunft motiviert ist und welche Rolle der Zufall im Prozeß gegen Ill und die Güllener spielt. Erklären Sie die Bedeutung des 1. Aktes für das gesamte Drama. Zeigen Sie, wie in den beiden letzten Akten zwei Prozesse gegen Ill und die Güllener geführt werden (vgl. Skizze S. 39). Vergleichen Sie den Gesamtaufriß des Stückes mit dem des *Ödipous* (eine bündige Zusammenfassung des Handlungsablaufs findet sich in Kindlers Literatur-Lexikon), und beschreiben Sie die Wirkung der analytischen Form auf den Zuschauer. (GA) – Überlegen Sie, warum D. das Drama auf ein Grundgerüst reduziert hat. |
| *Hausaufgabe* | Begründen Sie, warum D. kein Charakterdrama, sondern ein Handlungsdrama gestaltet, in dem die Struktur des Einfalls zentrale Bedeutung hat. |

## 15./16. Stunde

| | |
|---|---|
| *Gegenstand* | Dramaturgie |
| *Didaktische Aspekte* | Die Bindung der Dramaturgie an gesellschaftliche Prozesse (Kollektivierung, Bürokratisierung, Technisierung) und wissenschaftliche Erkenntnisse (Durchbrechung der Kausalität); die Gattungsproblematik der „tragischen Komödie"; Dürrenmatts Wirkungsabsicht |
| *Unterrichts-verlauf* | Lektüre und Analyse von Ausschnitten aus *Theaterprobleme;* Anwendung von Dürrenmatts Kriterien (Unüberschaubarkeit gesellschaftlicher Vorgänge, Abdankung des Helden, Suspension des Freiheits- und Schuldbegriffes, Distanz, Einfall) LV oder KRef über die Bedeutung des Zufalls in der Mikrophysik, Deutung des dramatischen Zufalls als Ausdruck des Weltverständnisses |

| | |
|---|---|
| | Begründung des Gattungstitels auf der Basis der *Theaterprobleme*, u. U. Vergleich mit der aristotelischen Poetik<br>Vergleich der Dramaturgie des naturwissenschaftlichen Zeitalters mit der des Brechtschen Lehrtheaters, Resümee durch Überprüfung der Interpretationshypothesen der Schüler mit den Analyse-Ergebnissen |
| *Methodische Hilfen/ Impulse* | UG: Klären Sie die Wechselwirkung zwischen Dürrenmatts Dramaturgie und seiner Analyse der gesellschaftlichen Verhältnisse auf der Basis der *Theaterprobleme* (vgl. XXIV, 57 ff.).<br>Informieren Sie sich über die Bedeutung des Zufalls in der modernen Naturwissenschaft[181], und stellen Sie Bezüge zur Störung des Handlungsablaufs durch den Zufall in Dürrenmatts Theaterentwürfen her.<br>„Wenn die Gesellschaft ernsthaft wird, kann das Gemälde nicht lachend werden." (J. M. R. Lenz): Deuten Sie auf diesem Hintergrund Dürrenmatts Untertitel „eine tragische Komödie".<br>„Ich bin Diagnostiker, nicht Therapeut." – Ermitteln Sie Dürrenmatts Wirkungsabsicht im Vergleich mit der Brechts. (Am besten eignet sich Brechts eigene Katalogisierung der Merkmale seines Theaters.[182])<br>Resümieren Sie Ihre eigenen Rezeptionserfahrungen, und bedenken Sie die Rolle des Zuschauers in Dürrenmatts „Mausefalle"! Überprüfen Sie abschließend Ihre Interpretationshypothese (1. Stunde) anhand der Analyseergebnisse. |
| *Hausaufgabe* | Erörtern Sie, ob D. dem Zuschauer Hoffnung macht, daß eine neue Moral der Zukunft der Verführung durch das Kapital gewachsen sein könnte. Beziehen Sie sich dabei sowohl auf das Drama als auch auf die Dramentheorie. |

## Zusätzliche Themenbereiche

Soll der dramengeschichtliche Gesichtspunkt im Vordergrund stehen, bietet D. selbst mit seinem „Modell Scott" eine didaktische Chance an. Wie diese ohne überzogene Literarisierung des Unterrichts genutzt werden kann, hat Horst Flaschka gezeigt.[183] Am Modell Scott läßt sich eine komplette dramengeschichtliche Reihe ausrichten, in der die Behandlung des jeweiligen Dramas und der zugehörigen Theorie sich wechselseitig erhellen, und zwar so, daß Theorie und Struktur als strategische Elemente einer Wirkungsabsicht verstanden werden. Darüber hinaus läßt sich diese Strategie nicht nur erhellen, sondern auch durch den Schüler nachvollziehen in einer Simulation von Dramaturgie und Regie. Den neutral wiedergegebenen Stoff von Scotts Ende, verbunden mit Hinweisen zu seiner Persönlichkeitsstruktur, bearbeiten die Schüler in einem Szenar oder Drehbuch so, daß ein simuliertes Dürrenmatt-Stück entsteht. Die Simulation zwingt den Schüler, sich mit den funktionalen Mitteln der Dramaturgie auseinanderzusetzen und sie zu erproben. Dasselbe Modell läßt sich auf Shakespeare, Brecht, Beckett übertragen – wie Dürrenmatt es vormacht – oder auch auf Sophokles und Schiller. Das „Modell Scott" findet sich in *Dramaturgische Überlegungen zu den „Wiedertäufern"* (X, 127 f.).

Erhellend für Dürrenmatts Wirkungsabsicht kann auch und vor allem der Kontrast zu Bernhard Wickis Verfilmung (mit Ingrid Bergmann, Anthony Quinn, Drehbuch Ben Barzman, 1964) wirken. Wicki hat die Dramaturgie Dürrenmatts so grotesk verfälscht, daß aus dem Modell ein Melodram, aus dem Drama der Nichtidentifikation ein klassischer Hollywoodstreifen der filmischen Verzauberung geworden ist.[184] Man könnte schließlich die Besprechung des Films sogar der des Dramas vorschalten, obwohl das – aus guten Gründen – generell verpönt ist; denn die Verfilmung ist so weit vom Text entfernt, daß Verwechslungen ausgeschlossen sind. Die Besprechung der evidenten Intentionsverfälschungen – aus Motiven, die Güllens würdig sind – gibt der Analyse des Textes Struktur und führt mitten in die Zentralprobleme der Dramaturgie hinein.

*Klausurvorschläge*

1. Analysieren Sie die Schlußszene des Dramas (131–134), indem Sie die Zukunftsvorstellungen der Güllener beschreiben,
   die Bedeutung von Regieanweisung, Personenführung und Vortragsweise bestimmen,
   das Verhältnis dieses „Welt-Happy-Ends" zu den Vorgängen im 3. Akt erklären.
2. Vergleichen Sie die Schlußszene von *Der Besuch der alten Dame* mit der aus Brechts *Der gute Mensch von Sezuan*, und konfrontieren Sie auf dieser Basis die dramaturgischen Absichten Dürrenmatts und Brechts.
3. „Claire Zachanassian stellt weder die Gerechtigkeit dar noch den Marshallplan oder gar die Apokalypse (…)." (142) Begründen Sie die Ablehnung solcher Deutungsversuche durch den Autor, und entwerfen Sie selbst eine Funktionsbestimmung der alten Dame.
4. *Der Besuch der alten Dame* ist als „Komödie der abendländischen Werte" bezeichnet worden: Untersuchen Sie anhand ausgewählter Szenen und Figuren, inwiefern im Zentrum von Dürrenmatts tragischer Komödie das Problem ethischer Normen steht.
5. Textauszug aus: *Das Versprechen* (Werkausgabe XXII, 18 f.): Analysieren Sie die Vorwürfe des Kommissars Dr. H. gegen den traditionellen Kriminalroman unter besonderer Berücksichtigung seiner Aussagen über Wirklichkeit, Kausalität und Zufall.

Untersuchen Sie, inwiefern Dürrenmatt in *Der Besuch der alten Dame* aus diesen Vorwürfen ein neues Programm der Wirklichkeitsdarstellung entwickelt.

6. „Je planmäßiger die Menschen vorgehen, desto wirksamer vermag sie der Zufall zu treffen" (aus: „21 Punkte zu den Physikern"). Zeigen Sie durch eine Analyse des Vorgehens der alten Dame, welche Aufgabe und Wirkung der Zufall im Drama hat.

# Anhang

## Anmerkungen

*Kursive Ziffern beziehen sich auf das Literaturverzeichnis.*

[1] *4*, Bd. I, 1
[2] Vgl. *26*, 7
[3] Vgl. Bd. XXV, 141 u. Bd. XXIV, 89
[4] *59*, 1
[5] Vgl. *1*, Bd. XXX, 385 ff.; *21*; *26*; *53*, 7–10; *59*, 1–14
[6] *4*, Bd. I, 11
[7] *4*, Bd. I, 75
[8] *4*, Bd. I, 78
[9] Eine Parodie auf Wilders *Our Town* (vgl. unten S. 63 f.)
[10] Vgl. *4*, Bd. I, 54 f., 74, 78
[11] *4*, Bd. II, 19
[12] Vgl. *59*, 2; *102*, 124
[13] *3*, 20; vgl. *1*, Bd. XIV, 132 f.
[14] Vgl. *4*, Bd. II, 126
[15] Vgl. *4*, Bd. II, 53; *1*, Bd. XXVII, 125
[16] *4*, Bd. II, 128
[17] *4*, Bd. I, 89
[18] *4*, Bd. I, 90
[19] Mann, Erika (Hrsg.): Thomas Mann. Briefe 1889–1936. Frankfurt 1962, 354
[20] *4*, Bd. II, 123
[21] Vgl. *90*, 69
[22] *4*, Bd. I, 53
[23] Vgl. *4*, Bd. I, 45
[24] Vgl. *110*. Zitat nach *Die Tat* v. 19.12.1966
[25] Vgl. *57*, 117 f. Noch in *Justiz* verbirgt sich hinter Professor Winter, dem Opfer, Emil Staiger.
[26] Vgl. *1*, Bd. XXX, 372; *55*, 72; *104*
[27] Vgl. *28*, 649; *42*, 88; *45*, 157; *52*, 98; *53*, 69
[28] Vgl. *44*
[29] So *21*, 81; *101*, 95
[30] *37*, 92
[31] Mayer (*76*, 108) vergleicht mit Brechts *Baal*
[32] Vgl. *114*, 17
[33] *36*, 59
[34] Vgl. *59*, 43 f.
[35] Zu gnostisch-manichäischen Vorstellungen bei Dürrenmatt vgl. *5*, 45 f.
[36] *59*, 44
[37] Die Tochter Indras jammert des Menschen, sie steigt vom Himmel und heiratet den Unglücklichsten. Sie kehrt zu ihrem Vater zurück, als sie erkennt, daß dem Menschen nicht zu helfen ist.
[38] Vgl. *84*, 395

[39] Vgl. Asmuth, Bernhard: Einführung in die Dramenanalyse. Stuttgart 1984, 2. Aufl., 22
[40] Vgl. *25*, 219 f.
[41] Vgl. *52*, 92
[42] Vgl. *83*, 54 f.
[43] *25*, 221
[44] Vgl. *52*, 89
[45] Bezüge zu Marx' Politökonomie finden sich *53*, 65; *55*, 82 u. 99
[46] *25*, 227
[47] So *16*, 46 mit Bezug auf Josef K. in Kafkas *Der Prozeß*
[48] Vgl. *32*
[49] Vgl. *25*, 99
[50] Vgl. *36*, 93 ff.
[51] Vgl. *61*, 91; *106*, 245
[52] Es ist an vergleichbare kollektive Helden bei Nestroy, Ibsen, Frisch und Wilder zu erinnern (vgl. *129*, 21).
[53] Vgl. *84*, 396
[54] *15*, 54; vgl. *1*, Bd. XXIV, 108
[55] Dürrenmatts Hinweis, die Verfremdung solle „die etwas peinliche Liebesgeschichte" „erträglich" machen (141 f.), sagt also nur die halbe Wahrheit.
[56] Vgl. *114*, 24 ff.
[57] Vgl. *20*; *112*. Wenn Dürrenmatt seine Weltmetzgerin Mathilde von Zahnd mit C. G. Jung hat korrespondieren lassen (vgl. VII, 12), hat er seine Beziehung zur psychoanalytischen Schule deutlich genug akzentuiert. Analytiker, nicht Psychoanalytiker (vgl. *4*, Bd. I, 92), spielt er zwar gelegentlich mit dem Material, das die Tiefenpsychologie bereitstellt, ist aber davon überzeugt, daß die Gemeingut gewordenen Floskeln der Interpretation den unmittelbaren Zugang zum Gleichnis durch Hilfskonstruktionen versperren (vgl. *5*, 13 f.).
[58] Gegen *86*, 40
[59] Vgl. *86*, 47
[60] *105*, 9
[61] Vgl. *69*
[62] Vgl. *88*, 327
[63] Vgl. *86*, 82; *39*; *43*, 383
[64] Gegen *69*, 219
[65] *6*, 102 f.
[66] Dazu grundsätzlich *98*
[67] Es stimmt also nicht, daß Ill dem Zufall nicht unterworfen ist (so *89*, 280). Er verfehlt den Zufall der Liebe.
[68] *26*, 84
[69] Vgl. *69*, 218
[70] *20*, 111; vgl. *25*, 216, 232 ff., 240; *45*, 155; *58*, 157; *81*, 81; *99*, 24; *106*, 245 f., 249
[71] Vgl. *20*, 215; *23*, 24; *59*, 70; *61*, 92; *70*, 213; *74*; *102*, 153
[72] Vgl. *51*; *58*; *84*, 397; *115*, 189
[73] Vgl. *37*, 94; *20*; *51*
[74] *77*, 491

[75] *60*, 27
[76] Vgl. *43*, 387
[77] *96*, 730
[78] Vgl. *14*, 357
[79] Vgl. *86*, 54 f.
[80] Vgl. *82*, 196
[81] Vgl. *55*, 79
[82] Vgl. *105*, 56 f.
[83] Vgl. *117*, 103
[84] Vgl. *101*, 94
[85] *20*, 95; *51*, 95 erinnern an die Taufe.
[86] In jungen Jahren hat Dürrenmatt Hebbel „verschlungen", wenn er ihn auch später unausstehlich fand (vgl. *4*, Bd. I, 53).
[87] Vgl. *39*, 75
[88] Vgl. Heselhaus, Clemens: Deutsche Lyrik der Moderne. Düsseldorf 1961, 287.
[89] *103*, 45. In diesem pessimistischen Menschenbild ist sie am nächsten mit dem Mann, der Hadleyburg korrumpierte, verwandt. Der durch die Stadtbewohner beleidigte Fremde aus Mark Twains Geschichte *The Man that corrupted Hadleyburg* kann Schicksal spielen und die Bürger durch die Macht des Geldes in Versuchung führen, weil seine psychologische Strategie die Verderbtheit der menschlichen Natur voraussetzt (vgl. *17*; *71*).
[90] Vgl. *26*, 80, 34; *39*; 78; *52*, 100
[91] *43*, 384
[92] *43*, 383; *52*, 102
[93] Alle Belege bei Hortenbach *(51)*
[94] Schon Schweizer, Eduard: Friedrich Dürrenmatt, Besuch der alten Dame (Reformatio 5 [1956], 154–161) hatte gleich nach der Uraufführung versucht, Dürrenmatt für den protestantischen Kulturbereich zu reklamieren. Im paulinischen Geist werde Gericht gehalten über alle „Gerechtigkeit vom Menschen her", und Ills Passion gemahne an das Skandalon des Kreuzestodes, der der Tod eines „Menschensohnes" gewesen sei.
[95] Vor allem Hortenbach *(51)* versteht die Christologie des Textes wörtlich.
[96] Vgl. *112*
[97] Vgl. *1*, Bd. XXV, 149
[98] Vgl. 130, 55
[99] So *31*, 313
[100] Vgl. *129*, 51
[101] *105*, 47 ff.
[102] *105*, 49
[103] *41*, 233
[104] Alem. „Gülle" heißt neutral „Tümpel", pejorativ „Jauche" (vgl. *131*, 3).
[105] Vgl. *32*, 500
[106] Wilder, Thornton: Unsere kleine Stadt. Schauspiel in drei Akten. Frankfurt 1974, 41.
[107] Belege bei *32*, 500
[108] Vgl. *32*
[109] Vgl. Suet. Aug., c. 92
[110] Böcklins Toteninsel schmückt auch das Zimmer des toten Schmied in *Der*

*Richter und sein Henker.*
[111] Diese Zusammenhänge hatte Dürrenmatt bei Otto Rommel gelernt: „Otto Rommel weist nach, daß sich die alte Wiener Volkskomödie aus dem Barocktheater entwickelte, aus einem metaphysischen Theater, bei dem der Himmel und die Hölle um den Menschen kämpfen (...)" (XXIV, 27).
[112] Vgl. zum Ganzen *99*, 25–31
[113] Vgl. *83*, 61
[114] Vgl. *61*, 22 f.
[115] Dürrenmatt kennt selbstverständlich Jungs Archetypenlehre, auch wenn er sich von ihrer „wolkenreiche(n) Sprache" nicht faszinieren läßt (*5*, 13).
[116] Alle Textverweise bei *105*, 40 ff.
[117] Vgl. *105*, 43
[118] Vgl. *105*, 44
[119] Vgl. Frizen, Werner: Die „bräunliche Schöne". Über Zigarren und Verwandtes in Thomas Manns „Zauberberg". In: DVjs 55 (1981), 107–118
[120] *55*, 77
[121] So Daviau, Donald G.: „Justice in the Works of Friedrich Dürrenmatt". In: KFLQ 9 (1962), 181–193, 182
[122] *95*, 4
[123] Auch Ill stellt keine „Ordnung in der eigenen Brust" (*60*, 27; vgl. *11*, 34; *130*, 62) her, die utopisches Zeichen eines neuen Rechts wäre, denn seine Gerechtigkeit verurteilt die Güllener zu ewiger Strafe.
[124] Vgl. *6*, 128 ff.; *22*, 183
[125] Vgl. *29*, 48
[126] Vgl. *31*, 309
[127] Vgl. *67*, 559
[128] Vgl. *88*, 332
[129] Vgl. *61*, 23; *5*, 93
[130] Vgl. *114*, 18
[131] Vgl. *72*
[132] Vgl. *69*, 81; *36*, 36
[133] Dürrenmatt, Friedrich: 55 Sätze über Kunst und Wirklichkeit. In: Arnold, Heinz Ludwig (Hrsg.): Text + Kritik: Friedrich Dürrenmatt II. München 1977, 20–22, 20
[134] Vgl. *64*
[135] *13*, 202; vgl. *86*, 17 u. *1*, Bd. X, 106
[136] *6*, 107
[137] Vgl. *79*, pass.
[138] *5*, 26
[139] Vgl. *89*, 264
[140] Vgl. *5*, 102
[141] Arntzen, Helmut: Die ernste Komödie. Das deutsche Lustspiel von Lessing bis Kleist. München 1968, 249
[142] *49*, 189
[143] *86*, 22
[144] *86*, 19
[145] *36*, 33
[146] Vgl. Graves, Peter J.: „Disclaimers and Paradoxes in Dürrenmatt". In: GLL 27

(1973/74), 133–142, 139f. Am Ende ist auch für Dürrenmatt das in der Zeit seiner Anfänge typische Bild des Sisyphos gültig, der nach Camus' Interpretation in seiner Ausweglosigkeit sein Glück findet: Man muß sich Sisyphos als glücklichen Menschen vorstellen.

[147] Vgl. *76*
[148] Vgl. *35*, 182 f.; *86*, 20
[149] Vgl. *84*, 400
[150] Diese unnachsichtige und fundamentale Brecht-Kritik hat ihren Grund gewiß auch darin, durch den Kontrast das Eigene schärfer zu profilieren. Immer wieder hat sich Dürrenmatt am Über-Ich Brechts abgearbeitet und zahlreiche seiner Werke als Gegenentwürfe konzipiert (*Baal* in *Es steht geschrieben*, *Die Geschäfte des Herrn Julius Caesar* in *Romulus der Große*, *Der gute Mensch von Sezuan* in *Ein Engel kommt nach Babylon*, die *Dreigroschenoper* in *Frank V.* und *Aufstieg und Fall der Stadt Mahagonny* in *Der Besuch der alten Dame*, vgl. *49*). Manches in Dürrenmatts Poetik steht ebenso unübersehbar in der Nachfolge Brechts, weshalb es darauf ankommen mußte, die Kritik am Fundament anzusetzen. Beide verbindet ja die Kritik an der kulinarischen Kunst, damit ihr methodisches Interesse an der Trivialliteratur, beide diagnostizieren aufgrund der Dramengeschichte das Ende der Tragödie, beide verbindet die Absicht, die Illusionierung des Zuschauers durch ein Drama der Nichtidentifikation (hier: episches Theater, da: paradoxes Lehrstück) aufzubrechen.
[151] So *56*; *42*
[152] Da es nicht sinnvoll ist, an dieser Stelle Kategorien des Faches zu diskutieren, schließe ich mich dem Beweisgang Heuers (vgl. *48*) an. Pietzcker (vgl. *85*) verlagert das Groteske ganz in den Bewußtseinsvorgang, der in dem festen Standort des Zuschauers gegründet ist; Heidsieck (vgl. *46*) setzt voraus, daß allein das schon in der Realität als Groteskes Vorhandene grotesker Gestalt fähig sein kann. Beide Entwürfe nehmen also eine feste Urteilsperspektive des Zuschauers an, von deren Verlust aber gerade Dürrenmatts Dramaturgie ausgeht. Schon gar nicht wird Dürrenmatt der Versuch gerecht, das Groteske auf einzelne Figuren und Episoden einzugrenzen und als konstitutives Baugesetz eines Werkes auszuschließen (so *47*).
[153] *36*, 142
[154] *48*, 742
[155] Vgl. *48*, 746–748
[156] Vgl. *4*, Bd. I, 12 f.
[157] *59*, 72 f.
[158] Vgl. *105*, 24; *80*, 228
[159] So *19*
[160] Vgl. *105*, 26; *80*, 231; *20*, 91
[161] Vgl. *105*, 28 f.
[162] Vgl. *53*, 64
[163] Vgl. *83*, 60; *116*, 428 u.a.
[164] Vgl. *19*, 297
[165] Vgl. *80*, 234
[166] Vgl. *80*, 237
[167] Vgl. *80*, 239
[168] Vgl. *105*, 23

[169] Vgl. *105*, 23 f.
[170] Vgl. *105*, 30 f.
[171] *69*, 80
[172] Vorläufige Richtlinien und Lehrpläne für das Gymnasium – Sekundarstufe I in Nordrhein-Westfalen. Deutsch. Köln 1978, 138
[173] Vgl. *124*; *125*; *127*. Würfel, Stefan Bodo: Das neue Hörspiel im Deutschunterricht. Wöhler, Ingrid: Erfahrungsbericht zu einem Hörspielversuch im Unterricht der 8. Realschulklasse. Beide in: Wolfrum, Erich (Hrsg.): Kommunikation. Aspekte zum Deutschunterricht. Esslingen 1975, 375–402 u. 403–422
[174] Vgl. Schabert, Ina (Hrsg.): Shakespeare-Handbuch. Stuttgart 1972, 76
[175] Vgl. Goebbels' Rundfunkreportage v. 10.2.1933. In: Perspektiven, Stuttgart 1981, 77–85. Hitlers Rede v. 23.3.1933. In: Lesen. Darstellen. Begreifen. 10. Schuljahr. Frankfurt o. J., 117–122
[176] Zit. n. *126*, 62
[177] Vgl. *49*, 189
[178] Vgl. Anm. 174
[179] Vgl. die Abbildungen in 5
[180] Vgl. Anm. 175
[181] Vgl. Heisenberg, Werner: Quantenmechanik und Kantsche Philosophie. In: Heisenberg, Werner: Der Teil und das Ganze. Gespräche im Umkreis der Atom-Physik. München 1973, 141–149
[182] Brecht, Bertolt: Vergnügungstheater oder Lehrtheater? In: Brecht, Bertolt: Gesammelte Werke in 20 Bänden. Frankfurt 1967. Bd. XV, 264–272, bes. 265
[183] Vgl. *121*
[184] Vgl. *118*; *126*

## Literaturverzeichnis

*Primärliteratur*

1. Werkausgabe in dreißig Bänden. Hrsg. in Zusammenarbeit mit dem Autor. Zürich 1980
2. Justiz. Roman. Zürich 1985
3. Die Stadt. Prosa I–IV. Zürich 1952
4. Stoffe I–III. Bd. I u. II. Zürich 1984
5. Die Welt als Labyrinth. Die Unsicherheit unserer Wirklichkeit. Franz Kreuzer im Gespräch mit Friedrich Dürrenmatt, Paul Watzlawick. Wien 1982
6. Werkstattgespräche mit Schriftstellern. Hrsg. v. Horst Bienek. München 1962

*Bibliographien und Forschungsberichte*

7. Hansel, Johannes: Friedrich-Dürrenmatt-Bibliographie. Bad Homburg 1968
8. Hönes, Winfried: Bibliographie zu Friedrich Dürrenmatt. In: Arnold, Heinz Ludwig (Hrsg.): Text + Kritik: Friedrich Dürrenmatt I. München 1980, 2. Aufl., 93–108
9. Jonas, Klaus W.: Die Dürrenmatt-Literatur (1947–1967). In: Börsenblatt für den Deutschen Buchhandel 24 (1968), 1725–1738
10. Knapp, Gerhard P.: Bibliographie der wissenschaftlichen Sekundärliteratur. In: Knapp, Gerhard P.: Friedrich Dürrenmatt. Studien zu seinem Werk. Heidelberg 1976, 257–268
11. –: Wege und Umwege. Ein Forschungsbericht. In: Knapp: a.a.O., 19–43
12. Wilbert-Collins, Elly: A Bibliography of Four Contemporary German-Swiss Authors. Friedrich Dürrenmatt, Max Frisch, Robert Walser, Albin Zollinger. Bern 1967

*Literatur über Dürrenmatt*

13. Allemann, Beda: Die Struktur der Komödie bei Frisch und Dürrenmatt. In: Steffen, Hans (Hrsg.): Das deutsche Lustspiel, Bd. II. Göttingen 1969, 200–217
14. Andreotti, Mario: Die kollektive Figur. Dürrenmatts „Besuch der alten Dame" als moderner Text. In: Sprachkunst 15 (1984), 352–357
15. Angermeyer, Hans Christoph: Zuschauer im Drama. Brecht–Dürrenmatt–Handke. Frankfurt 1971
16. Arnold, Armin: Friedrich Dürrenmatt. Berlin 1969
17. –: Friedrich Dürrenmatt und Mark Twain. Zur Methode der vergleichenden Interpretation. In: Actes du IVe Congrès de l'Assn. Intern. de Litt. Comp. 1966, 1097–1104
18. Arnold, Heinz Ludwig: Theater als Abbild der labyrinthischen Welt. Versuch über den Dramatiker Dürrenmatt. In: Arnold, Heinz Ludwig (Hrsg.): Text + Kritik: Friedrich Dürrenmatt I. München 1980, 2. Aufl., 32–42
19. Arnvig, Kirsten: Dialogtypen in Dürrenmatts „Der Besuch der alten Dame". In: TeKo 11 (1983), 291–315
20. Askew, Melvin W.: Duerrenmatt's „The Visit of the Old Lady". In: The Tulane Drama Review 5 (1961), 89–105

21. Bänziger, Hans: Dürrenmatt-Chronologie. Biographische, werk- und theatergeschichtliche Daten. In: Arnold, Armin (Hrsg.): Zu Friedrich Dürrenmatt. Stuttgart 1984
22. –: Frisch und Dürrenmatt. Bern, München 1976, 7. Aufl.
23. Bardetscher, Hans: Dramaturgie als Funktion der Ontologie. Eine Untersuchung zu Wesen und Entwicklung der Dramaturgie Friedrich Dürrenmatts. Bern, Stuttgart 1979
24. Betten, Anne: Zwei Männer reden über eine Frau. Dialogtechniken bei Strauß, Dürrenmatt, Kroetz und Horváth als Beitrag zur Untersuchung von Gesprächsstilen. In: Germanistische Linguistik 12 (1981), 5/6, 39–67
25. Breuer, Paul-Josef: Friedrich Dürrenmatt. Der Besuch der alten Dame. In: Kurt Bräutigam (Hrsg.): Europäische Komödien. Frankfurt 1964, 214–242
26. Brock-Sulzer, Elisabeth: Friedrich Dürrenmatt. Stationen eines Werkes. Zürich 1960.
27. –: Dürrenmatt und die Quellen. In: Der unbequeme Dürrenmatt. Mit Beiträgen von Gottfried Benn, Elisabeth Brock-Sulzer u. a. Basel 1962, 117–136
28. Buddecke, Wolfram: Friedrich Dürrenmatts experimentelle Dramatik. In: Universitas 28 (1973), 641–652
29. Buri, Fritz: Der „Einfall" der Gnade in Dürrenmatts dramatischem Werk. In: Der unbequeme Dürrenmatt. Mit Beiträgen von Gottfried Benn, Elisabeth Brock-Sulzer u. a. Basel 1962, 36–69
30. Daviau, Donald G.: The Role of Zufall in the Writings of Friedrich Dürrenmatt. In: GR 47 (1972) 281–293
31. Daviau, Donald G. u. Dunkle, Harvey I.: Friedrich Dürrenmatt's „Der Besuch der alten Dame". A Parable of Western Society in Transition. In: MLQ 35 (1974), 302–316
32. Dick, E. S.: Dürrenmatts „Der Besuch der alten Dame". Welttheater und Ritualspiel. In: ZfdPh 87 (1968), 498–509
33 Diller, Edward: Friedrich Dürrenmatt's Chaos and Calvinism. In: Monatshefte 63 (1971), 28–40
34. –: Friedrich Dürrenmatt's Theological Concept of History. In: GQ 40 (1967), 363–371
34. Durzak, Manfred: Dramaturgie des Labyrinths – Dramaturgie der Phantasie. Friedrich Dürrenmatts dramentheoretische Position. In: Arnold, Armin (Hrsg.): Zu Friedrich Dürrenmatt. Stuttgart 1984, 173–186
36. –: Dürrenmatt, Frisch, Weiß. Deutsches Drama der Gegenwart zwischen Kritik und Utopie. Stuttgart 1972
37. –: Die Travestie der Tragödie in Dürrenmatts „Der Besuch der alten Dame" und „Die Physiker". In: DU 28 (1976), 86–96
38. Eifler, Margret: Das Geschichtsbewußtsein des Parodisten Dürrenmatt. In: Knapp, Gerhard P. (Hrsg.): Friedrich Dürrenmatt. Studien zu seinem Werk. Heidelberg 1976, 44–52
39. Ellestad, Everett M.: Das „Entweder-Oder" der „Mausefalle". Strukturtechnik und Situation in Dürrenmatts Dramen. In: Knapp, Gerhard P. (Hrsg.): Friedrich Dürrenmatt. Studien zu seinem Werk. Heidelberg 1976, 69–79
40. Emmel, Hildegard: Das Gericht in der modernen Literatur des 20. Jahrhunderts. Bern 1963
41. Girard, René: Le Fonctionnement du Language Théatral dans „La Visite de la

Vieille Dame". In: Études Allemandes. Recueil dédié à Jean-Jacques Anstett. Lyon 1979, 229–246
42. Grimm, Reinhold: Parodie und Groteske im Werk Dürrenmatts. In: Der unbequeme Dürrenmatt. Mit Beiträgen von Gottfried Benn, Elisabeth Brock-Sulzer u.a. Basel 1962, 71–96
43. Guthke, Karl S.: Geschichte und Poetik der deutschen Tragikomödie. Göttingen 1961
44. Haberkamm, Klaus: Die alte Dame in Andorra. Zwei Schweizer Parabeln des nationalsozialistischen Antisemitismus. In: Wagener, Hans (Hrsg.): Gegenwartsliteratur und Drittes Reich. Stuttgart 1977, 95–110.
45. Haller, Horst: Friedrich Dürrenmatts tragische Komödie „Der Besuch der alten Dame". In: Müller Michaels, Harro (Hrsg.), Deutsche Dramen, Bd. II. Königstein 1981, 137–162
46. Heidsieck, Arnold: Das Groteske und das Absurde im modernen Drama. Stuttgart 1969.
47. Helbling, Robert E.: Groteskes und Absurdes – Paradoxie und Ideologie. Versuch einer Bilanz. In: Knapp, Gerhard P. (Hrsg.): Friedrich Dürrenmatt. Studien zu seinem Werk. Heidelberg 1976. 233–253
48. Heuer, Fritz: Das Groteske als poetische Kategorie. Überlegungen zu Dürrenmatts Dramaturgie des modernen Theaters. In: DVjs 47 (1973), 730–768
49. Hinck, Walter: Das moderne Drama in Deutschland. Göttingen 1973.
50. Hinck, Walter: Von der Parabel zum Straßentheater. Notizen zum Drama der Gegenwart. In: Kreuzer, Helmut (Hrsg.): Gestaltungsgeschichte und Gesellschaftsgeschichte. Stuttgart 1969, 583–603.
51. Hortenbach, Jenny C.: Biblical Echoes in Dürrenmatts „Besuch der alten Dame". In: Monatshefte 57 (1965), 145–161
52. Jauslin, Christian M.: Friedrich Dürrenmatt. Zur Struktur seiner Dramen. Zürich 1964
53. Jenny, Urs: Friedrich Dürrenmatt. Velber 1968, 3. Aufl.
54. Immoos, Thomas: Dürrenmatts protestantische Komödie. In: Schweizer Rundschau 72 (1973), 271–280
55 Jost, Dominik: Vom Gelde: „Der Besuch der alten Dame". In: Arnold, Armin (Hrsg.): Zu Friedrich Dürrenmatt. Stuttgart 1984, 71–84
56. Kayser, Wolfgang: Das Groteske. Seine Gestaltung in Malerei und Dichtung. Oldenburg 1957
57. Klarmann, Adolf D.: Friedrich Duerrenmatt and the Tragic Sense of Comedy. In: Bogard, Travis u. Oliver, William J. (Hrsg.): Modern Drama. Essays in Criticism. New York 1965, 99–133
58. Klingmann, Ulrich: Epik und Dramatik in Dürrenmatts „Der Besuch der alten Dame". Acta Germanica 13 (1980), 151–164
59. Knapp, Gerhard P.: Friedrich Dürrenmatt. Stuttgart 1980
60. Knapp, Mona u. Knapp, Gerhard P.: Recht – Gerechtigkeit – Politik. Zur Genese der Begriffe im Werk Friedrich Dürrenmatts. In: Arnold, Heinz Ludwig (Hrsg.): Text + Kritik: Friedrich Dürrenmatt II. München 1977. 23–40.
61. Knopf, Jan: Friedrich Dürrenmatt. München 1976
62. –: Sprachmächtigkeiten. In: Knapp, Gerhard P. u. Labroisse, Gerd (Hrsg.): Facetten. Studien zum 60. Geburtstag Friedrich Dürrenmatts. Bern, Frankfurt, Las Vegas 1981, 61–81

63. Knopf, Jan: Theatrum mundi. Sprachkritik und Ästhetik bei Friedrich Dürrenmatt. In: Arnold, Heinz Ludwig (Hrsg.): Text + Kritik: Friedrich Dürrenmatt I. München 1980, 2. Aufl., 57–67
64. Koelb, Clayton: The „Einfall" in Dürrenmatt's Theory and Practice. In: Deutsche Beiträge zur geistigen Überlieferung 7 (1972), 240–259
65. Krywalski, Dieter: Säkularisiertes Mysterienspiel? Zum Theater Friedrich Dürrenmatts. In: Stimmen der Zeit 179 (1967), 344–356
66. Kuczynski, Jürgen: Friedrich Dürrenmatt – Humanist (I u. II). In: NDL 12 (1964), 8, 59–89 u. 12 (1964), 9, 35–55
67. Kühne, Erich: Satire und groteske Dramatik. Über weltanschauliche und künstlerische Probleme bei Dürrenmatt. In: WB 12 (1966), 539–565
68. Kurzenberger, Hajo: Theater der Realität als Realität des Theaters. Zu Friedrich Dürrenmatts Dramenkonzeption. In: Arnold, Heinz Ludwig (Hrsg.): Text + Kritik: Friedrich Dürrenmatt I. München 1980, 2. Aufl., 80–91
69. Labroisse, Gerd: Die Alibisierung des Handelns in Dürrenmatts „Der Besuch der alten Dame". In: Knapp, Gerhard P. u. Labroisse, Gerd (Hrsg.): Facetten. Studien zum 60. Geburtstag Friedrich Dürrenmatts. Bern, Frankfurt, Las Vegas 1981, 207–223
70. Lamberechts, Luc: Das Groteske und das Absurde in Dürrenmatts Dramen. In: Amsterdamer Beiträge zur neueren Germanistik 9 (1979), 205–230
71. Lefcourt, Charles R.: Dürrenmatt's Güllen and Twain's Hadleyburg. The Corruption of Two Towns. In: RLV 33 (1967), 303–308
72. Lehnert, Herbert: Fiktionale Struktur und physikalische Realität in Dürrenmatts „Die Physiker". In: Sprachkunst I (1970), 318–330
73. Madler, Herbert Peter: Wortwitz und Aphorismus im Drama Friedrich Dürrenmatts. In: Knapp, Gerhard P. u. Labroisse Gerd (Hrsg.): Facetten. Studien zum 60. Geburtstag Friedrich Dürrenmatts. Bern, Frankfurt, Las Vegas 1981, 117–151
74. –: Dürrenmatts Konzeption des mutigen Menschen. Eine Untersuchung der Bühnenwerke Friedrich Dürrenmatts unter besonderer Berücksichtigung des „Blinden". In: Schweizer Rundschau 69 (1970), 314–325
75. Malsch, Wilfried: Theoretische Aspekte der modernen Komödie. In: Paulsen, Wolfgang (Hrsg.): Die deutsche Komödie, Heidelberg 1976, 27–43
76. Mayer, Hans: Dürrenmatt und Brecht oder Die Zurücknahme. In: Der unbequeme Dürrenmatt. Mit Beiträgen von Gottfried Benn, Elisabeth Brock-Sulzer u.a. Basel 1962, 99–115
77. –: Friedrich Dürrenmatt. In: ZfdPh 87 (1968), 482–498
78. Müller, Klaus-Detlef: Das Ei des Kolumbus? Parabel und Modell als Dramenformen bei Brecht, Dürrenmatt, Frisch, Walser. In: Keller, Werner (Hrsg.): Beiträge zur Poetik des Dramas. Darmstadt 1976, 432–461.
79. Neumann, G., Schröder, J., Karnick, M.: Dürrenmatt, Frisch, Weiss. Drei Entwürfe zum Drama der Gegenwart. München 1969
80. Neuse, Erna K.: Das Rhetorische in Dürrenmatts „Der Besuch der alten Dame". Zur Funktion des Dialogs im Drama. In: Seminar 11 (1975), 225–240
81. Niggl, Günter: Tragik und Komik bei Friedrich Dürrenmatt. In: Literaturwissenschaftliches Jahrbuch der Görres-Gesellschaft 19 (1978), 77–93
82. Pausch, Holger A.: Systematische Abnormität. Zur Technik der Personengestaltung im dramatischen Werk Dürrenmatts. In: Knapp, Gerhard P. (Hrsg.):

Friedrich Dürrenmatt. Studien zu seinem Werk. Heidelberg 1976, 191–202
83. Peppard, Murray P.: Friedrich Dürrenmatt. New York 1969.
84. Pestalozzi, Karl: Friedrich Dürrenmatt. In: Mann, Otto u. Rothe, Wolfgang (Hrsg.): Deutsche Literatur im 20. Jahrhundert, Bd. II. Bern 1967, 5. Aufl., 385 bis 402
85. Pietzcker, Carl: Das Groteske. In: DVjs 45 (1971), 197–211
86. Profitlich, Ulrich: Friedrich Dürrenmatt. Komödienbegriff und Komödienstruktur. Eine Einführung. Stuttgart, Berlin, Köln, Mainz 1973
87. –: Friedrich Dürrenmatt. In: Wiese, Benno von (Hrsg.): Deutsche Dichter der Gegenwart. Bern 1973, 497–514
88. –: Dürrenmatt. Der Besuch der alten Dame. In: Hinck, Walter (Hrsg.): Die deutsche Komödie. Düsseldorf 1977, 324–341, 406–409
89. –: Der Zufall in den Komödien und Detektivromanen Friedrich Dürrenmatts. In: ZfdPh 90 (1971), 258–280
90. Pulver, Elsbeth: Literaturtheorie und Politik. Zur Dramaturgie Friedrich Dürrenmatts. In: Arnold, Heinz Ludwig (Hrsg.): Text + Kritik: Friedrich Dürrenmatt I. München 1980, 2. Aufl., 68–79
91. Reed, Eugene E.: Dürrenmatt's „Der Besuch der alten Dame". A Study in the Grotesque. In: Monatshefte 53 (1961), 9–14
92. Sandford, John E.: The Anonymous Characters in Dürrenmatt's „Der Besuch der alten Dame". In: GLL 24 (1970/71), 1, 335–345
93. Scheible, Konrad: Max Frisch und Friedrich Dürrenmatt. Betrachtungen über ihre Geisteshaltung und Arbeitsweise. In: Rice University Studies 55 (1969) 197–235
94. Scherer, Josef: Der mutige Mensch. Versuch einer Deutung von F. Dürrenmatts Menschenbild. In: Stimmen der Zeit 169 (1962), 307–312
95. Schneider, Peter: Die Fragwürdigkeit des Rechts im Werk von Friedrich Dürrenmatt, Karlsruhe 1967
96. Scholdt, Günter: „Timeo Danaos et dona ferentes" oder Die alte Dame kommt aus Montevideo. Zur Dramaturgie Friedrich Dürrenmatts und Curt Goetz'. In: DVjs 50 (1976), 720–730
97. Scholl, Amédée A.: Zeichen und Bezeichnetes im Werk Friedrich Dürrenmatts. In: Knapp, Gerhard P. (Hrsg.): Friedrich Dürrenmatt. Studien zu seinem Werk. Heidelberg 1976, 203–217
98. Schultheis, Werner: Dürrenmatts „Dramaturgie der Liebe". In: Knapp, Gerhard P. u. Labroisse, Gerd (Hrsg.): Facetten. Studien zum 60. Geburtstag Friedrich Dürrenmatts. Bern, Frankfurt, Las Vegas 1981, 83–102
99. Sotiraki, Flora: Friedrich Dürrenmatt als Kritiker seiner Zeit. Frankfurt, Bern 1983
100. Speidel, E.: „Aristotelian" and „Non-Aristotelian" Elements in Dürrenmatt's „Der Besuch der alten Dame". In: GLL 28 (1974/75), 14–24
101. Steiner, Jacob: Die Komödie Dürrenmatts. In: DU 15 (1963), 5, 81–98
102. Strelka, Joseph: Brecht – Horváth – Dürrenmatt. Wege und Abwege des modernen Dramas. Wien 1962
103. Stromšik, Jiří: Apokalypse komisch. In: Knapp, Gerhard P. u. Labroisse, Gerd (Hrsg.): Facetten. Studien zum 60. Geburtstag Friedrich Dürrenmatts. Bern, Frankfurt, Las Vegas 1981, 41–59
104. Struc, Roman S.: Sinn und Sinnlosigkeit des Opfers. Gotthelfs „Die

schwarze Spinne" und Dürrenmatts „Der Besuch der alten Dame". In: Proceedings. Pacific Northwest Conference of Foreign Languages 52 (1974), 114–117

105. Syberberg, Hans-Jürgen: Zum Drama Friedrich Dürrenmatts. Zwei Modellinterpretationen zur Wesensdeutung des modernen Dramas. München 1963
106. Tiusanen, Timo: Dürrenmatt. A Study in Plays, Prose, Theory. Princeton 1977
107. Tiusanen, Timo: Über Dürrenmatts dramaturgische Mittel. In: Knapp, Gerhard P. u. Labroisse, Gerd (Hrsg.): Facetten. Studien zum 60. Geburtstag Friedrich Dürrenmatts. Bern, Frankfurt, Las Vegas 1981, 103–115
108. Usmiani, Renate: Twentieth-Century Man. The Guilt Ridden Animal. In: Mosaic 3 (1970), 4, 163–178
109. Waldmann, Günter: Dürrenmatts paradoxes Theater. Die Komödie des christlichen Glaubens. In: WW 14 (1964), 2–35
110. Whitton, Kenneth S.: Friedrich Dürrenmatt and the Legacy of Bertolt Brecht. In: FMLS 12 (1976), 65–81
111. Whitton, Kenneth S.: The „Zürcher Literaturstreit". In: GLL 27 (1973), 142–150
112. Wilson, Rodger Edward: The Devouring Mother. An Analysis of Dürrenmatt's „Der Besuch der alten Dame". In: GR 52 (1977), 274–288
113. Winston, Krishna: The Old Lady's Day of Judgment. Notes on a Mysterious Relationship between Friedrich Dürrenmatt and Ödön von Horváth. In: GR 51 (1976), 312–322
114. Winter, Michael: Friedrich Dürrenmatt. Positionen einer radikalen Aufklärung. In: Knapp, Gerhard P. u. Labroisse, Gerd (Hrsg.): Facetten. Studien zum 60. Geburtstag Friedrich Dürrenmatts. Bern, Frankfurt, Las Vegas 1981, 9–39
115. Woesler, Winfried: Die Rolle der Frau in Dürrenmatts Dramen. In: Rupp, Heinz u. Roloff, Hans-Gert (Hrsg.): Akten des VI. Internationalen Germanistenkongresses Basel 1980, Teil IV. Bern, Frankfurt, Las Vegas 1980, 186–191
116. Wysling, Hans: Dramaturgische Probleme in Frischs „Andorra" und Dürrenmatts „Besuch der alten Dame". In: Akten des V. Internationalen Germanistenkongresses Cambridge 1975. Frankfurt 1976, 425–431
117. Züfle, Manfred: Zu den Bühnengestalten Friedrich Dürrenmatts. In: Schweizer Rundschau 66 (1967), 29–39, 98–110

*Literatur zur Didaktik*

118. Dittberner, Hugo: Dürrenmatt, der Geschichtenerzähler. Ein 50-Dollar-Mißverständnis zum „Besuch der alten Dame". In: Arnold, Heinz Ludwig (Hrsg.): Text + Kritik: Friedrich Dürrenmatt I. München 1980, 2. Aufl., 113–119
119. Dringenberg, Brunhilde: Das Hörspiel im Deutschunterricht. In: Wolfrum, Erich (Hrsg.): Taschenbuch des Deutschunterrichts. Grundfragen und Praxis der Sprach- und Literaturpädagogik. Esslingen 1972, 377–390
120. Ecker, Egon: Der Verdacht. Der Besuch der alten Dame. Hollfeld 1985
121. Flaschka, Horst: Dürrenmatts „Modell Scott" als didaktisches Paradigma für Dramentheorien und simulierte Dramatik. In: DU 31 (1979), 4, 47–58
122. Guth, Hans P.: Duerrenmatt's „Visit". The Play behind the Play. In: Symposium 16 (1962), 94–102
123. Habecker, S. u. Hofmann, A.: Theorien – Texte – Analysen. Das deutschsprachige Theater seit 1945. Ein Arbeitsbuch für die Sekundarstufe II. München 1974, 168–176
124. Klippert, Werner: Elemente des Hörspiels. Stuttgart 1977
125. Klose, Werner: Didaktik des Hörspiels. Stuttgart 1974
126. Knapp, Mona: Die Verjüngung der alten Dame. Zur Initialrezeption Dürrenmatts in den Vereinigten Staaten. In: Arnold, Heinz Ludwig (Hrsg.): Text + Kritik: Friedrich Dürrenmatt II. München 1977, 58–66
127. Lermen, Brigitte: Das traditionelle und neue Hörspiel im Deutschunterricht. Paderborn 1975
128. Loeffler, Michael Peter: Friedrich Dürrenmatts „Besuch der alten Dame" in New York. Basel 1976
129. Loram, Ian C.: „Der Besuch der alten Dame" and „The Visit". In: Monatshefte 53 (1961), 15–21
130. Mayer, Sigrid: Friedrich Dürrenmatt. Der Besuch der alten Dame. Frankfurt, Berlin, München 1983, 2. Aufl.
131. Schmidt, Karl (Hrsg.): Friedrich Dürrenmatt. Der Besuch der alten Dame. Stuttgart 1975
132. Seifert, Walter: Friedrich Dürrenmatt. Der Richter und sein Henker. Zur Analyse und Didaktik des Kriminalromans, München 1984, 3. Aufl.

## Zeittafel zu Leben und Werk

1921     geboren am 5. Januar in Konolfingen (Kanton Bern) als Sohn eines protestantischen Pfarrers
1935     Umzug der Familie nach Bern; Besuch des Gymnasiums
1941     Maturität: Beginn des Studiums (Philosophie, Literatur- und Naturwissenschaften, zuerst in Zürich, dann in Bern)
1943     Erste schriftstellerische Versuche
1947     Heirat mit Lotti Geißler
1952     Umzug ins eigene Haus in Neuchâtel
1954     Literaturpreis der Stadt Bern; Regiearbeit am Stadttheater Bern
1957     Hörspielpreis der Kriegsblinden
1958     Prix Italie; Literaturpreis der „Tribune de Lausanne"
1959     Schillerpreis der Stadt Mannheim (Vortrag *Friedrich Schiller*) und zahlreiche andere Ehrungen
1960     Großer Preis der Schweizerischen Schillerstiftung
1968     Grillparzer-Preis der österreichischen Akademie der Wissenschaften
1969     Ende des „Basler Experiments" (Zusammenarbeit mit dem Stadttheater Basel); Großer Literaturpreis des Kantons Bern
1974     Ehrenmitgliedschaft der Ben-Gurion-Universität Beerschewa
1977     Verleihung der Buber-Rosenzweig-Medaille; Ehrendoktorate der Universitäten Nice und Jerusalem
1979     Großer Literaturpreis der Stadt Bern
1981     Ehrendoktor der Universität Neuchâtel
1983     Tod seiner Frau Lotti; Ehrendoktor der Universität Zürich
1984     Österreichischer Staatspreis für Literatur. Heirat mit der Schauspielerin Charlotte Kerr
1986     Büchner-Preis der Stadt Darmstadt
1990     gestorben am 14. Dezember in Neuchâtel

*Uraufführungen*
1947     *Es steht geschrieben*, Schauspielhaus Zürich. Neufassung 1967 unter dem Titel *Die Wiedertäufer*
1948     *Der Blinde*, Stadttheater Basel
1949     *Romulus der Große*, Stadttheater Basel
1952     *Die Ehe des Herrn Mississippi*, Münchener Kammerspiele
1953     *Ein Engel kommt nach Babylon*, Münchener Kammerspiele
1956     *Der Besuch der alten Dame*, Schauspielhaus Zürich
1959     *Frank der Fünfte*, Schauspielhaus Zürich
1962     *Die Physiker*, Schauspielhaus Zürich
1963     *Herkules und der Stall des Augias*, Schauspielhaus Zürich
1966     *Der Meteor*, Schauspielhaus Zürich
1967     *Die Wiedertäufer*, Schauspielhaus Zürich
1970     *Porträt eines Planeten*, Düsseldorfer Schauspielhaus
1971     Uraufführung der Oper *Der Besuch der alten Dame* von Gottfried von Einem

| 1973 | *Der Mitmacher,* Schauspielhaus Zürich, Regie: Andrzej Wajda/Friedrich Dürrenmatt |
|---|---|
| 1983 | *Achterloo,* Schauspielhaus Zürich |

*Prosa*
| 1945 | *Der Alte.* Erzählung |
|---|---|
| 1951/52 | Kriminalromane. Erzählungen |
| 1955 | *Die Stadt.* Prosa I–IV |
| 1955 | *Grieche sucht Griechin.* Eine Prosakomödie |
| 1957 | *Der Richter und sein Henker* |
| | *Es geschah am hellichten Tag* |
| 1960 | Drehbuch zu *Die Ehe des Herrn Mississippi* |
| 1981 | *Stoffe I–III* |
| 1985 | *Justiz.* Roman |
| 1986 | *Der Auftrag.* Novelle |
| 1989 | *Durcheinandertal.* Roman |
| 1990 | *Stoffe IV–IX* |

*Sonstige wichtige Publikationen*
| 1955 | *Theaterprobleme* |
|---|---|
| 1976 | *Zusammenhänge.* Essay über Israel. Eine Konzeption. |
| 1978 | *Bilder und Zeichnungen* |
| 1979 | *Albert Einstein.* Vortrag |

# »Verstehen und Gestalten«
## für die gymnasiale Oberstufe
### – ein kompaktes Lehrwerk für Ihren Unterricht

**Verstehen und Gestalten 11**
(11. Schuljahr), 223 Seiten, Best.-Nr. 88900-1

**Verstehen und Gestalten 12/13**
(12/13. Schuljahr), 274 Seiten, Best.-Nr. 88470-0

**Lehrerband 12/13**, 48 Seiten, Best.-Nr. 88471-9

Herausgegeben von Dieter Mayer.
Verfaßt von Roland Jost, Dieter Mayer und Maximilian Nutz.

---

*Wenn Sie als Deutschlehrer auch meinen, daß...*

- ...**Sequenzvorschläge** zum literaturgeschichtlichen Zeitraum von der Literatur des Mittelalters bis zur Gegenwart Ihren thematischen Kursunterricht bereichern würden,

- ...Oberstufenschüler **differenzierte Anleitungen zu allen Interpretationsmethoden** literarischer Texte und zur Analyse von Gebrauchstexten in der Hand haben sollten,

- ...**geeignete Texte und Sequenzen zur Sprachgeschichte und Sprachtheorie** die Planung der Kurse im Bereich Reflexion über Sprache erleichtern,

- ...eingehend alle schriftliche Darstellungsformen wie z. B. **Text- und Problemerörterung** entfaltet werden sollten,

- ...ein **ausführliches Glossar** zu Fachbegriffen dem Schüler eine schnelle Orientierung bieten kann,

- ...ein Lehrbuchangebot für die Oberstufe in zwei Bänden für drei Kursjahre eine **sinnvolle Ergänzung zur Primärlektüre** sein kann,

*...dann sollten Sie in Ihrem Unterricht die Oberstufenbände von* **Verstehen und Gestalten** *verwenden!*

Oldenbourg